农村小学数学文化渗透实践探索

NONGCUN XIAOXUE SHUXUE WENHUA SHENTOU SHIJIAN TANSUO

祝　旭／著

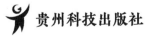
贵州科技出版社

图书在版编目(CIP)数据

农村小学数学文化渗透实践探索 / 祝旭著. -- 贵阳：贵州科技出版社，2020.12
ISBN 978 - 7 - 5532 - 0892 - 3

Ⅰ. ①农… Ⅱ. ①祝… Ⅲ. ①小学数学课 - 教学研究 Ⅳ. ①G623.502

中国版本图书馆 CIP 数据核字(2020)第 227622 号

出版发行	贵州科技出版社	
地　　址	贵阳市中天会展城会展东路 A 座(邮政编码:550081)	
网　　址	http://www.gzstph.com	
出 版 人	熊兴平	
经　　销	全国各地新华书店	
印　　刷	贵州新华印务有限责任公司	
版　　次	2020 年 12 月第 1 版	
印　　次	2020 年 12 月第 1 次	
字　　数	170 千字	
印　　张	9	
开　　本	710 mm × 1000 mm　1/16	
书　　号	ISBN 978 - 7 - 5532 - 0892 - 3	
定　　价	28.00 元	

天猫旗舰店:http://gzkjcbs.tmall.com
京东专营店:https://mall.jd.com/index - 10293347.html

前　言

　　著名数学家、武汉大学教授齐民友在《数学与文化》一书中写道:"一种没有相当发达的数学的文化是注定要衰落的,一个不掌握数学作为一种文化的民族也是注定要衰落的。"数学文明是人类文明的火车头,一个国家文明发达程度与这个国家数学文化的发展程度息息相关。当前,数学文化已是数学教育界研究的热点问题之一,逐步渗入中小学课堂。无论从数学文化的价值,还是从现有的研究成果和教师的教学经验来看,数学文化都是数学教学中不可缺少的内容。而"数学文化"与"课堂教学"的有效融合是有效渗透数学文化的关键所在,因此,在课堂教学中如何有效地将"数学文化"与"课堂教学"融合成为迫切需要解决的问题。

　　数学文化蕴含着深刻的思想、方法、精神和观点等,在培养小学生的思维方式和帮助其树立正确的价值观等方面发挥着无比重要的作用。贵州省2018年教育科学规划课题"农村学校小学数学文化渗透实践研究"针对农村小学课堂教学中数学文化渗透策略较少、数学文化资源匮乏的问题,以现代教育理论为基础,以农村小学数学课堂教学中数学文化渗透为研究方向,以贵州省绥阳县农村小学为研究对象,在农村小学数学教学中开展了行动研究与案例实践,探索出适合农村小学数学教学中数学文化渗透的策略、方式,创编出一套适合农村小学的校本教材,弥补了农村小学数学课堂教学中渗透数学文化的不足,为农村小学数学教师在课堂教学中渗透数学文化提供教学实践参考与借鉴。

　　全书共分三章,第一章为农村小学数学文化渗透的背景与设计,阐释了课题研究背景与设计等,以期阐明农村小学数学文化渗透的价值、意义及可行性;第二章为农村小学数学文化渗透的实践,主要介绍数学文化在农村小学数学课堂教学中渗透的策略体系构建、校本教材编制、教学设计与案例等,以期为农村小学在数学课堂教学中渗透数学文化提供可操作的范式;第三章为农村小学数学文化渗透的成效,主要从数学文化在农村小学数学课堂教学中的教学理念、教学策略、教学评价等方面进行阐述,以期为农村小学数学课堂教学变革提供实践参考与方向。

限于时间仓促,加之笔者水平有限,本书在编写过程中难免有疏漏和不足,望广大读者批评指正。

贵州省绥阳县洋川小学　祝旭

2020 年 8 月

目录

第一章

农村小学数学文化渗透的背景与设计

著名教育家顾明远先生曾说:"教育有如一条大河,而文化就是河的源头和不断注入河中的活水,研究教育,不研究文化,就只知道这条河的表面形态,摸不着它的本质特征。"在课堂教学中融入数学文化不仅是对当下数学教育价值观的适应,也是社会与学生发展的需要,更是社会价值与个人价值的统一。当下的农村小学数学教学,由于受考试文化影响,学校关注成绩,家长关注分数,教师和学生都成了考试文化下的考试机器。在这样的教育环境中,教师过于注重数学知识的讲授,重视习题的演练,对不是考试知识点的数学文化,因担心会耽误上课时间、影响教学任务的完成而束之高阁,使得数学拥有的文化气质和气度逐渐丧失。这是数学教育的悲哀。因此,数学教育应走出"应试教育"的樊篱,教师要以一种文化的视角重新审视数学教学,在教学中不仅要关注数学知识和技能,更要注重让学生经历数学知识的产生和发展过程,关注数学知识背后更深层次的数学思想及文化,促进学生数学核心素养发展。

第一节 农村小学数学文化渗透的背景

近年来,将数学文化融入课堂教学是数学教育的发展趋势。越来越多的学者在关注数学工具性价值的同时,也在不断关注数学的文化价值。小学生身心正处于形成和发展的时期,数学文化蕴含着深刻的思想、方法、精神和品质等,在培养小学生的思维方式和帮助他们树立正确的价值观等方面具有无比重要的作用。在课堂教学中,教师理应有意识地渗透数学文化,让学生在潜移默化中感悟到数学的丰富文化内涵,从小激发学生学习数学的兴趣,使学生体会到数学在人类文明发展中的关键作用,帮助学生理解数学、热爱数学,树立正确的数学观。

《教育部关于全面深化课程改革 落实立德树人根本任务的意见》指出:"当前,高校和中小学课程改革从总体上看,整体规划、协同推进不够,与立德树人的要求还存在一定差距。"数学学科作为基础学科,在培养学生思维能力和创新能力方面有着不可替代的作用。而当前的小学数学课程是站在国家层面设计的,针对地方学校有一定的不适应,城乡之间的经济、文化、生活背景等都有较大的差异,根据地域特点,开发或创设体现地域特征的数学教学是必要的。虽然近年来对数学文化的研究不少,但针对农村小学数学文化渗透的课题实践研究却很少。所以,在追求教育均衡发展的今天,提升农村小学数学课堂教学质量,让学生学有价值的数学,受到良好的数学教育尤显重要。

一、数学文化走进农村小学课堂符合社会需求

(一)数学课程标准明确指出数学文化应走进数学课堂

在新一轮的数学课程改革中,数学文化已被正式纳入基础教育阶段数学课程体系。2001 年《全日制义务教育数学课程标准(实验稿)》已提出"数学是人类的一种文化"的观点。2011 年《义务教育数学课程标准(2011 年版)》再次强调,"数学是人类文化的重要组成部分,数学素养是现代社会每一个公民应该具备的基本素养",并指出"教材可以适时地介绍有关背景知识,包括数学在自然与社会中的应用,以及数学发展史的有关材料,帮助学生了解在人类文明发展中数学的作用,激发学习数学的兴趣,感受数学家治学的严谨,欣赏数学的优美"。《普通高中数学课程标准(2017 年版)》的基本理念中也明确提出要"强调数学与生活以及其他学科的联系,提升学生应用数学解决实际问题的能力,同时注重数学文化的渗透",指出教师应在数学教学中融入数学文化,帮助学生了解数学知识的背景,认识数学与各文化领域的关系,感受数学家们治学严谨的科学态度,激发学生的数学学习兴趣,提升数学素养。

数学文化不仅在课程标准中体现,而且作为一个新的教学要求已经渗透到国内中小学数学教材中,譬如在新人教版小学数学教材中的"你知道吗?""数学阅读""数学游戏""数学广角""综合与实践"等板块,分别对应呈现了数学史、数学家

的故事、数学游戏、生活中的数学、数学实践等内容,希望通过添加这些数学文化的内容,使学生产生数学学习的兴趣,了解数学的人文价值和科技价值,提高自身的文化素养。

随着数学文化作为教材的组成部分走进课堂,数学文化从课程形态转化为教学形态也变为现实,教材中数学文化内容的使用是实现数学育人价值的基础和关键所在,也表明数学文化已成为小学数学课堂教学的发展方向。

(二)数学学科教育现状呼吁在数学课堂教学中融入数学文化

我国数学学习历来重视"双基教学"。当下的农村小学数学教学,教师普遍重视数学科学知识的传授,重视数学的工具性价值,而忽视数学的文化价值,导致全面提升学生综合数学素养不能真正贯彻落实。很多农村学生对学习数学都有畏惧情绪,认为数学是一门"与实际无关""枯燥乏味""抽象"的学科。很多农村教师也认为数学只是"思维的体操",只要达到培养"逻辑思维能力"的目标就行了,很少从人文的角度、历史的角度去解读数学公式、概念的历史形成过程,致使学生留在脑中的只是一些枯燥的公式和难懂的概念,这是农村小学数学教育文化价值的缺失。

数学既有工具性,又有人文性。在数学教育中教师不应只关注数学的工具性,更重要的是要培养学生严密的思维、宽广的视野、刻苦钻研的品质、实事求是的科学态度、勇于探索的创新精神等人文价值。因此,农村小学数学课堂教学需要融入数学文化,彰显数学的人文价值。

(三)学生数学核心素养的发展需要在数学课堂中渗透数学文化

数学教育的目的在于提高公民的数学素养,使学生掌握适应未来社会发展和生活需要所必需的数学知识、数学思想和数学方法,让学生学会用数学眼光观察世界,学会用数学思维思考世界,学会用数学语言表达世界。数学的思想方法是数学的灵魂,也是数学文化的核心。小学阶段是学生接受系统教育的开始,是学生人生观、数学观形成和发展的重要时期,数学文化蕴含着深刻的思想、方法、精神和观点等,在培养学生的思维方式和树立正确的价值观等方面发挥着无比重要的作用。数学文化渗透能让学生在潜移默化中感悟数学中的文化内涵,激发学生的学习兴趣,使学生体会到数学在人类文明发展中的关键作用,帮助学生理解数学、热爱数学,提升数学核心素养。因此,数学课堂教学需要教师主动渗透数学文化,在关注学生学到的知识与技能的同时,也要关注数学学习过程中所体现出的数学情感态度与理性精神、数学思想和思维方式、数学品格和审美意识。

可见，从数学课程标准要求、农村小学数学教学现状、农村学生数学核心素养培育等方面剖析，数学文化在农村小学数学课堂教学中渗透是符合社会发展需求的，能实现农村小学数学教学从"冰冷的美丽"走向"火热的思考"，使农村学生受到文化的熏陶、思想的启迪，促进学生数学核心素养发展。

二、核心概念解读

（一）数学文化

数学文化是基于全社会生活产生的。作为人类文化的重要组成，数学文化应用广泛，它的外延比数学更加宽广，不仅涵盖了与数学相关的所有概念，而且包括了通过实践创造出的物质财富和精神财富，是数学与人文的有机结合。但有关数学文化的精准界定依然存在不同的声音，因此本课题并不尝试给出明确的概念。在查阅有关数学文化概念的文献综述后，笔者对张奠宙和郑毓信两位教授的观点表示赞同。张奠宙教授认为："数学文化是指人类在数学活动中创造的物质产品和精神产品，物质产品是指数学知识，由数学命题、数学方法、数学问题和数学语言等构成；而精神产品是指数学观念，由数学思想、数学意识、数学精神和数学美等构成。"通过整合他们的理论研究并结合自己对该概念的认识，笔者认为数学文化作为一种"看不见的文化"，在农村小学数学课堂教学中应重点突出数学精神、数学思想、数学思维、数学美等精神因子，彰显数学的人文价值。

（二）小学数学文化

《义务教育数学课程标准（2011年版）》指出："数学文化作为教材的组成部分，应渗透在整套教材中。为此，教材可以适时地介绍有关背景知识，包括数学在自然与社会中的应用，以及数学发展史的有关材料，帮助学生了解在人类文明发展中数学的作用，激发学习数学的兴趣，感受数学家治学的严谨，欣赏数学的优美。"义务教育课程标准更加注重知识的一体化，从宏观上对数学文化进行了描述，并简单地提到它在教材中的体现。小学数学文化以小学数学教材为载体，在教材中结合具体的知识来呈现，这就意味着数学文化的教学并不是随意的，教师要依据教材来讲解该知识所包含的精神、思想、方法等，要把小学数学的基础知识与数学文化融为一体，在教学过程中着重激发学生对数学的好奇心与探究欲，培养学生的数学文化素养。小学数学文化相较于大学数学文化的特别之处在于，小学数学文化更注重结合学生的生活情境、数学游戏、数学主题探究等表现形式而贯穿课堂教学的各个环节。

（三）数学文化渗透实践

数学文化的渗透教学不同于传统的教学模式,是指教师以小学数学课堂为载体,在教学的具体过程中联系所讲授的知识点恰当地融入数学文化,并运用适当的教学方法和手段让数学文化无声地潜入学生的意识深处,与学生已有的知识、经验、思想和方法产生作用,从而让学生的思维无意识地得到进一步的发展,并帮助学生树立正确的价值观。同时,学生可以通过教学活动更加深入地了解知识产生的过程,对数学家的敬佩之情油然而生,并会立志去学习他们严谨治学、勇往直前、敢于钻研创新的精神,体会到数学学习的价值和意义,感悟数学的文化魅力,从而提升自己的数学文化素养。本课题主要从农村小学数学文化校本教材编制与实践、数学文化渗透方式、数学文化策略体系构建等方面进行研究,以期推动农村小学数学课堂变革,形成"以文化人"的育人模式,促进学生数学核心素养的提升。

三、实践研究的目标

随着数学文化价值的凸显,数学文化已不再是数学教育的装饰品,而逐渐成为学生理解和把握数学本质、感悟数学思想和理性精神、发展数学观念和意识、欣赏数学美、提高数学学习兴趣的重要推手。当前,几乎所有农村小学数学教师都不同程度忽视了数学文化的价值,常止于知识的表层,把数学文化理解为简单的告知,大都停留于阅读教材中"你知道吗?"等材料,对教材中没有明显提及数学文化的内容则忽视,严重影响学生数学思维训练,制约学生数学素养的提升。为了促进城乡教育的均衡发展,提升农村小学数学课堂教育教学质量,课题组在农村小学数学教学中开展数学文化课堂教学渗透实践,以期达成以下目标。

（一）构建数学文化渗透策略体系,优化农村小学数学课堂教学

以课堂教学案例实践为主,探究数学文化在农村小学数学课堂教学中渗透的策略与方式,引导教师走出"数学 + 文化"的误区,帮助农村小学数学教师树立数学文化渗透意识,使其在平时的教学中能自觉用数学文化润泽课堂,在课堂教学实践中构建农村小学数学文化课堂渗透策略体系。

（二）编制农村小学数学文化读本，拓宽农村小学生数学视野

以人教版小学数学教材为基础，整合不同版本小学数学教材，创编适合农村小学生的数学文化校本教材，开设数学文化专题课程，进行教学实践，收集整理小学数学课堂教学中渗透数学文化的优秀案例，为农村小学数学教师渗透数学文化提供参考。

（三）课堂实践与课程实践并重，促进农村小学生数学核心素养发展提升

借助贵州省小学数学名师工作室平台及学校课堂教学，把数学文化融入常态课教学进行教学实践，在此过程中既提升农村小学数学教师驾驭教材的能力，促进教师专业素养的提升，又让农村小学生在数学文化的熏陶下把握数学的本质，感悟到数学思想，积累数学活动经验，促进农村小学生数学核心素养的提升。

四、实践研究的意义

（一）理论意义

1. 进一步充实小学数学文化渗透理论

数学文化已成为国内学者研究的热点，尤其是数学教育工作者从不同角度对数学文化进行了深入研究，并对数学文化在教学实践中的渗透路径进行了一些探究。但已有的相关研究主要集中在大学、高中和初中阶段，涉及小学阶段的研究较少，针对农村小学的更少。本课题主要是通过对农村小学阶段的数学文化渗透方式进行实践，进一步丰富农村小学数学课堂教学渗透数学文化的方式和策略，为农村小学数学课堂教学转型提供一个新视角。

2. 进一步丰富小学数学文化渗透资源

课题组以农村小学数学文化渗透为视角，通过梳理、改编以人教版为主的各种小学数学教材，创编一套适合农村小学的数学文化读本，为农村小学数学教师在"课堂教学"与"数学文化"的融合上提供可借鉴、运用的课程资源。在实践中强化了农村小学数学教师渗透数学文化的意识，为促进农村小学数学教师专业素养和

学生数学素养的提升提供一条新的路径。

（二）实践意义

新课程改革的推行与实施已经进入新的阶段,小学数学教学迫切需要数学文化的滋养,这已经成为越来越多教育者的心声。基于数学文化在小学数学课堂教学中的价值和农村小学数学教学的现状,课题组采取问卷调查、案例分析、行动研究等方法进行了农村小学数学文化渗透实践探索,提出了相应的渗透理念与策略,为农村小学数学教师在课堂教学中进行数学文化渗透提供了有益参考。从学生层面看,一方面调动了学生对数学学习的兴趣和积极性,增强了他们对数学本质的理解,帮助他们树立了正确的数学观;另一方面通过引导学生领悟数学文化内涵、感悟数学思想,促进了学生数学思维的养成和创新精神的培养。从教师层面看,帮助教师转变了传统的、僵化的教学理念,建立了正确的数学文化课堂渗透观念,解决了农村小学数学课堂教学数学文化缺失等方面的问题,为农村小学数学教学改革提供了可借鉴的范例。

五、理论基础

本课题以农村小学为研究对象,以认知主义学习理论、建构主义学习理论、人本主义学习理论、现实数学教育理论等为理论基础,扎实地开展实践探索。

（一）认知主义学习理论

皮亚杰认为,通过同化和顺应,儿童心理从低一级水平不断完善达到高一级水平,心理结构不断变化、创新,形成不同水平的发展阶段。小学生的年龄一般在6～12周岁,根据皮亚杰的认知发展阶段理论,小学生正处于具体运算阶段,他们具有初步的逻辑思维,但运用数学符号和语言符号来解释和运用概念还有困难,需要在感性材料的支持下才能顺利进行。因此,根据认知主义学习理论,课题组认为在农村小学数学教学中渗透数学文化,需要借助具体情境、故事情节、操作活动,采取学生自主探索、动手操作、合作交流等学习方式,通过学生独立思考、反思质疑等学习与感悟环节,培养农村小学生的理性精神和批判精神。

（二）建构主义学习理论

建构主义学习理论认为,知识的获得只有在学习者主动整合必要的学习资源,并使之产生"意义建构"的情况下才能发生。学生是学习的主体,而不是成为被动接受规则和程序的参与者;教师的教学要从学生的认知发展水平和已有的经验基础出发,引导学生根据自己的认知特点进行信息处理,去理解、探索知识的来龙去脉,建构自己的知识结构。因此,根据建构主义学习理论,课题组认为在农村小学数学课堂中渗透数学文化,需要从学生熟悉的生活情境出发,设计数学问题情境,让学生重走数学家的探究之路,自己去发现数学知识,在相互的交往、有意义的交谈和讨论中达成对知识的共同理解,在过程体验中培育学生的探究能力和理性精神,激发学生学习的内在动机,形成有意义的知识建构。

(三)人本主义学习理论

人本主义强调人的潜能和全面发展,强调学生是有思想、有天赋、有学习潜力、有主观能动性的个体,提倡教育是知识、能力与情感发展三者的结合,认为学习的本质是学生在理解的基础上不断发挥自身潜能的有意义的学习过程。因此,在农村小学数学课堂教学中教师要把学生当成有感情、思想、需求的能动的人,而不是当成无感情的机器。教学中教师要注重利用数学文化的熏陶作用,做到"情知对称",即在认知过程中注重情感、意志的共同发展,实现在过程中让学生习得新知、感悟智慧、塑造健全人格,培育学生的数学品格的目标。这就需要教师善于挖掘数学文化素材,主动将数学文化融入教学中,创设有趣味性、活动性、挑战性的问题情境,把培养学生情意发展贯穿于整个数学学习过程中,促使学生在数学文化活动中习得数学品格及养成健全人格。

(四)现实数学教育理论

弗赖登塔尔认为学生具有"潜在的发现能力",学习数学唯一正确的方法是实行"再创造"。"再"指要求学生重复或探索前人发现数学问题的过程,但并非按照它的实际发生过程,而是通过"做数学"再现数学新知识被发现的过程。可见,学生不是被动接受知识的容器,而是以自己已有的知识、经验甚至情感为基础的主动建构者。因此,根据现实数学教育理论,在农村小学数学课堂教学中渗透数学文化不能仅是介绍外在"附着"的文化因子,更需要注重探寻数学知识背后的思维内核。教师要巧妙创设探究活动,多给学生探究的时间和空间,充分让学生经历数学知识"再创造"的过程,让学生在观察、猜想、实验、验证、推理、建模的过程中把握数学本质,学会数学地思考,感悟数学思想,积累数学活动经验,发展数学核心素养。

六、相关研究成果

近年来,数学文化受到越来越多学者的关注。研究者们基于不同的视角对数学文化进行了内涵的解读和外延的探究。目前,研究数学文化的主体不仅有数学家和哲学家,还包括教育研究者和一线教师,主要涉及对数学文化内涵的探讨、对数学文化价值的解读及对数学文化在数学课堂教学中渗透的实践探索。因此,课题组从以上3个方面对已有研究成果进行梳理分析,以期为进一步深入研究提供理论依据。

在中国知网上以"数学文化"为关键词进行查找,发现自21世纪以来,与数学文化相关的研究日益增多,文献资料也在逐年增加。从文献资料分类分析,在近20年中对数学文化的研究的文献资料占所有文献资料的38.10%,说明数学文化受到越来越多学者与一线教师的关注和重视,成了一个理论研究热点;但对小学数学教学中数学文化渗透的研究的文献资料只占1.82%,说明小学数学教学中"数学文化渗透"研究的空间还很大。

(一)对数学文化的内涵研究成果

通过比较分析学界对数学文化的各种界定发现:研究者们对数学文化的认识是基于人类文化的视角,认为人类的一般文化包括数学文化,数学文化是一般文化在数学上的体现,由于对文化的定义复杂多样,因此也难以对数学文化做出统一的界定。以下为课题组对国内外学者对数学文化的内涵的研究成果进行的梳理与分析。

1. 国外研究成果

20世纪下半叶,数学文化开始以一种独立的形式在西方兴起。1950年在美国举行的第十一届国际数学家大会上,怀尔德围绕"数学的文化基础"这一主题进行了精彩的演讲,引起了人们对数学文化的广泛关注。怀尔德曾在他的著作中阐释了数学文化的内涵及有关理论体系,分别从文化的形成和发展理论等方面对数学文化进行了探析,他坚持将数学回归于文化层面。

M.克莱因认为数学是现代文明的有机组成部分,是一种理性精神。数学所蕴含的这种理性精神对人类的思维具有激发和促进的作用,促使思维能够得到最大限度的锻炼。他在《西方文化中的数学》一书中指出:"在最广泛的意义上说,数学是一种精神,一种理性的精神。"正是这种精神,使得人类努力去理解和控制自然,去探求和确立已获知识的最深刻和最完美的内涵。

2. 国内研究成果

孙小礼教授是我国第一个关注数学文化的人,她和邓东皋、张祖贵等人精选了一批国内外著名数学家和研究数学的哲学家的文章,编写了《数学与文化》一书,从各个侧面说明了数学在整个人类文化中的地位。

数学家齐民友既强调了数学文化的重要性,也为研究数学文化提供了重要的理论依据。在《数学与文化》一书中,通过讲述非欧几何学的历史论证了数学的重要文化价值。他认为,数学体现的探索精神是数学作为一种文化的最本质特点。甚至还提出,没有现代的数学就不会有现代的文化,没有现代数学的文化是注定要衰落的,而一个不以掌握数学作为一种文化的民族也是注定要衰落的。这一观点的提出标志着早期数学文化意识的形成。

在《数学文化学》一书中,南京大学郑毓信教授不仅肯定了数学的文化属性,而且认为数学共同体所创造和留存的数学传统,即行为、观念和态度等便是数学文化。他还认为数学文化是一个兼具独立性和开放性的系统。

湖南师范大学张楚廷教授认为,文化既包括物质文明,又包括精神文明,而数学作为文化的产物,是人类智慧的结晶,其中也蕴含着人类执着追求真理、追求至美至善的精神,这也是数学文化的精髓。

华东师范大学张奠宙教授从产品的角度来认识数学文化。他认为数学文化是指人类在数学活动中创造的物质产品和精神产品,物质产品是指数学知识,由数学命题、数学方法、数学问题和数学语言等构成;精神产品是指数学观念,由数学思想、数学意识、数学精神和数学美等构成。

南开大学顾沛教授在谈数学文化的内涵时,从狭义和广义两个方面做了阐释。从狭义上说,数学文化即数学的思想、精神、方法、观点、语言及其形成和发展的过程;从广义上说,除了狭义的内容外,数学文化还包括数学家、数学史、数学美、数学教育、数学发展中的人文成分及数学与各种文化的关系。

西南大学宋乃庆教授认为数学文化是将数学知识与数学观念系统组成的有机体,主要包括数学思想、数学方法、数学思维、数学语言等。其内容分为两个方面:一方面是与数学自身发生发展相关的内容,如数学史、数学美、数学事件等;另一方面是数学与其他文化领域相交融的内容,如数学与人文、环境、科学、艺术等各文化领域相融合。

著名特级教师张齐华在《数学文化≠数学+文化——关于"数学文化"的三次探索、实践与思考》中指出:数学的发展史、数学的美以及数学与人类社会各领域的联系共同构成了数学文化内涵的核心组成部分。

3.国内外研究成果综述

国内外学者、教师对数学文化的理解,可谓仁者见仁,智者见智。这与"文化"含义的复杂性、"数学"含义的历时性和不确定性,以及不同研究者的研究旨趣与视角有关。人们对数学文化的界定往往各有侧重,视角的多元化也使得对数学文化内涵界定不一,难以拥有量化的"准确"定义。数学文化内涵界定不一的情况虽然在某种程度上体现了不同个体对数学文化本质的深刻理解和对数学文化开放性的认可,但也因学界对数学文化的内涵界定众说纷纭,而导致课程标准中没有明确界定数学文化的内涵,使一线教师对数学文化认识不清,甚至存在误解,阻碍了数学文化在教学中的有效渗透,这对教师教学实践产生了消极影响。因此,有必要对学者们的观点进行整合分析。上述研究者对数学文化的认识都是将数学文化置于人类文明发展上,既承认了数学的文化属性,又肯定了数学文化的数学特征。课题组对数学文化的内涵进行解读,认为在小学阶段的数学文化应主要从狭义方面,即数学思想、数学方法、数学思维、数学美等方面进行课堂教学实践,致力于构建具有文化意蕴的课堂。

(二)对数学文化的价值研究成果

课题组通过对相关文献的分析整理,发现国内外学者普遍认可数学文化在数学课堂教学的教育价值,并对其价值给予极高的评价,从多个方面论证了数学文化的育人价值。

1.国外研究成果

法国数学家 E.波莱尔认为,数学家们留下的最宝贵的财富是数学思维,体现了人类的思维能力。因此,认识到数学价值,不应外求而应诉诸数学自身。

美国数学史家、数学教育家 M.克莱因认为,数学与其他文化一样,都具有美育价值,可以在让人赏心悦目的同时提高人们的审美意识。

苏联数学家、数学教育家辛钦认为,数学文化具有德育价值,数学教学可以发挥润物细无声的作用,进而有助于培养年轻人的良好品德,如诚实、正直等。

2.国内研究成果

湖南师范大学张楚廷教授注重数学文化的审美价值。他认为,数学文化的审美价值是非功利的。数学文化一方面可以丰富人们的审美情感、提升审美品位,另一方面还可以训练人们的思维,帮助人们形成正确的价值观,培养科学精神。

杨豫晖等人认为,数学所具有的德育价值主要表现在数学文化对学生坚强、勇敢及诚信品质的培养等方面。

陕西师范大学黄秦安教授认为,数学文化既有工具性价值和社会价值,又有教育价值。教育是传播数学文化的主要途径,教育价值是数学文化的重要价值之一。

南京大学郑毓信教授认为,数学文化是一种由职业因素联系起来的特殊群体(数学共同体)所特有的行为、观念和态度等,既指特定的数学传统,也指数学家的行为方式。数学学习对人们的思维方式、事物的价值判断,甚至树立个人的人生观和世界观都有重要的意义和影响。

数学家齐民友先生所著的《数学与文化》,从非欧几何学产生的历史出发,阐述了数学的重要文化价值,并在书中指出数学思维具有特别的文化价值。

江苏省数学特级教师张乃达提出,数学文化具有重要的教育价值。这里的数学文化主要指观念性的文化,主要是影响人和社会的观念形成。

3. 国内外研究成果综述

国内外学者、教师认为,数学文化在数学教育中的价值主要分为4类。良好情感:能激发学生数学学习兴趣及积极性。智育价值:训练思维及促进理性精神发展的价值。德育价值:渗透数学文化,使学生通过领悟数学精神实现人格的完善和品格的发展。美育价值:数学与许多文化领域的相互作用使世界变得美丽,通过数学文化的渗透可以使学生发现数学之美,从而重新认识数学,喜欢上数学,有利于帮助学生树立正确的数学学习观。课题组对数学文化在农村小学数学教学中的育人价值持肯定态度,认为育人价值在小学阶段应主要体现在德育价值、智育价值和美育价值等方面,通过数学文化的人文价值,培养学生严密的思维、宽广的视野、刻苦钻研的品质、实事求是的科学态度、勇于探索的创新精神,帮助学生理解数学、热爱数学。

(三)对数学文化渗透的实践研究成果

课题组通过对相关文献的分析整理发现,国内对数学文化在课堂教学中的渗透主要在大学、中学里实践,在小学阶段较少,在农村小学中更少。

1. 国内研究成果

华东师范大学张奠宙教授指出:只有走进课堂的数学文化才是真正地将数学文化落到了实处,让学生通过课堂学习体会到数学的价值,受到数学文化的陶冶,丰富情感体验,从而形成共鸣,感受数学文化的品位及世俗的人情味。此后,数学文化研究也发生了转变,由过去只注重对内涵和价值进行探讨向教学实践转变。

卜骥老师在《在小学数学教学中渗透数学文化的研究》一文中，提出了运用数学文化整合学习内容、创建数学文化园、丰富课外作业、融入社区等 4 种教学策略来继承和突出数学文化。

南开大学顾沛教授提出开设数学文化课的建议，认为开设数学文化课可以有效促进数学文化在教学实践中的运用。

西安文理学院副教授曹建玲在《浅谈数学文化对小学数学课堂教学的作用》一文中，从数学美的教育、数学文化的历史渗透与小组合作学习模式 3 个方面，提出在小学数学课堂教学中渗透数学文化的具体措施和意义。

小学数学教师李翠梅、任荔在《"数学文化在小学数学教学渗透的研究"初探》中提出了渗透数学思想的 3 种方式，即营造"数学文化"的氛围、开展"数学文化"的多项活动和运用数学史。

小学数学教师许海燕从数学文化的角度出发，深入小学数学课堂教学实践，阐述数学文化的价值，并对数学文化渗透的教学策略进行了探究，提出了在课堂教学中渗透数学文化的 3 种途径，即改变思想正确对待数学文化的渗透、改变教学方法及灵活运用课堂教学以突出数学文化的价值，使学生学会运用数学解决实际问题。

小学特级教师张齐华在《审视课堂——张齐华与小学数学文化》一书中，通过 3 次讲授"圆的认识""交换律""平均数"和"分数的初步认识"来引导学生认识数学的历史美与文化之美，试图建立充满文化底蕴的小学数学课堂，彰显数学的独特魅力，并使其趣味性和价值得以体现。张老师为了实现数学的本质追求，体现数学的文化韵味，从教学实践出发，挖掘数学文化并精心设计和打造充满文化底蕴的数学课堂。他对数学文化的探索使数学文化研究在实践层面更进了一步。

西南大学宋乃庆教授主编的"数学文化读本"，是体现数学文化的一套非常有意义且实用的小学数学精品科普读物。书中蕴含了丰富的数学文化知识，将来源于生活、自然、科学、艺术等多个方面的对于学生来说较难理解的内容转化成生动而有趣的故事呈现在学生面前。该丛书体现出的数学文化具有很强的趣味性，由浅至深地对数学知识进行挖掘，将其中蕴含的数学思想方法和人文精神完美地展现在读者面前，对小学数学文化教学实践具有参考价值。

2. 研究成果综述

目前国内对数学文化课堂教学实践的研究主要有教学案例设计研究、校本教材创编及教学渗透实践研究等。其中，大多数研究集中在中学阶段，少数在小学阶段，针对农村小学的数学文化渗透实践更少。由此可见，虽然数学文化已经引起了教育界的关注,但在课堂教学实践方面,大多是理论推演,具体实践操作范式较少,特别是在农村小学课堂教学中如何有效渗透数学文化亟待研究。

在农村小学数学课堂教学中要真正实现数学文化渗透,还有很多问题需要解决。如数学文化的涵义复杂多样,教师对数学文化的认识容易出现误区,阻碍教学实践;数学文化在教学内容中的体现比较零散、模糊,缺乏系统性,给教师教学操作增加了难度;由于应试教育的思想根深蒂固,以应试知识为主的现状仍未改变,导致作为非考点的数学文化受到冷落和忽视;数学教师的数学文化知识匮乏,数学文化素养有待提高;等等。因此,本课题以农村小学数学文化渗透为视角,针对数学文化的内涵、渗透方式、渗透策略及校本教材等进行了实践研究,并形成了以"读学为基础,玩学、探学为关键,写学为拓展"的渗透方式,在课堂教学方面提出了"习、熏、悟、化"的渗透策略,组织课题组教师对以人教版为主的各种教材进行梳理与改编,创编出"农村小学数学文化读本丛书",为农村小学数学课堂教学提供了实践参考。

综上所述,我国目前对数学文化的研究还不够全面,主要集中在宏观理性的讨论和思辨阶段。在数学文化的教学实践研究中,特别是农村小学数学文化如何在课堂中有效渗透等微观问题上,如数学文化的渗透在农村小学如何实施、遵循什么步骤和方法等研究仍然是比较薄弱的。课题组在研究时,以"数学文化"为主题在中国知网上进行检索,共检索到 5751 篇相关文献,而以"小学教学中的数学文化"为关键词进行检索却只有 171 条结果,以"农村小学教学中的数学文化"为关键词进行检索是 0 条结果。可见,针对小学阶段在课堂上渗透数学文化的实践研究,特别是在农村小学数学教学中渗透数学文化的实践研究的空间还很大。因此,数学文化是否能真正走进农村小学数学课堂、如何在农村小学课堂教学中有效渗透数学文化、如何让农村小学生学有价值的数学等问题,都有待进一步研究。

第二节　农村小学数学文化渗透设计

课题组紧紧围绕"农村小学数学课堂数学文化渗透策略体系构建",遵循"相关理论学习与课堂教学实践结合,教师协同分工与任务分项落实结合,可操作研究方法与技术路线结合,成效检测与成果凝炼结合"的原则,精心设计了"农村小学数学文化渗透实践探索"研究方案,并邀请西南大学于波教授等知名专家对课题方案

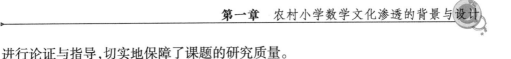

进行论证与指导,切实地保障了课题的研究质量。

一、制订研究假设

本课题将从"理论梳理"和"实践探究"对"数学文化课堂教学渗透"展开双向路径实践探索。

(一)梳理数学文化渗透的策略与理论

通过检索与本课题相关的国内外文献,阅读相关书籍,了解数学文化的概念、内涵与外延及关于在小学数学教学中渗透数学文化的策略与理论成果,选取对本课题有用的研究思路和方法,借鉴学界在数学文化方面研究的相关理论成果,为本课题提供理论支撑。

(二)梳理与编制小学数学文化校本教材

以人教版小学数学教材为主体,梳理现行小学数学教材(人教版、西师版、北师大版、苏教版、冀教版)中凸显核心素养的数学文化素材,进而对人教版小学数学教材中的数学文化素材进行改编、补充,整合形成适合农村小学课堂教学的数学文化校本教材,为农村小学数学文化渗透提供可借鉴的课程资源。

(三)构建在农村小学数学课堂教学中渗透数学文化的策略体系

借助贵州省名师工作室平台,以理论学习、课堂实践、案例分析等形式,在农村小学数学课堂教学实践中探索适合农村小学数学文化渗透的策略与方式,构建数学文化课堂渗透的策略体系,为农村小学数学教师提供可操作的数学文化课堂渗透策略,让农村小学生能学到有价值、有文化内涵的数学。

二、设计研究路径

(一)以相关理论学习与课堂教学实践为途径

课题组以理论学习贯穿始终,以课堂教学实践为重点,以课堂观察为手段,合理分工、职责明确,切实地保障课题研究有序推进。第一,基于数学文化理论学习和课堂教学观察与调研,收集农村小学生对数学文化的态度与教师在课堂上对数学文化的关注程度情况,分析其原因,找准师生对数学文化的兴趣点和关注点;第二,注重将数学文化融入课堂的教学设计与思考,把数学文化课堂渗透放在首位,过程中注重培育学生积极的数学情感、理性的思维方式、良好的数学品格、初步的审美意识;第三,注重研究效果的反馈与检测,从课堂有效性、学生参与性、学习愉悦性及学生审美素养等方面进行分析,及时做好反思与总结;第四,通过课堂教学渗透数学文化实践和典型案例打造,总结提炼数学文化渗透的有效教学策略。

(二)以教师协同分工与任务分项落实为保障

采取分工合作的办法,分别从理论学习、课堂观察、案例分析、总结提炼、校本教材编制等方面开展研究工作,有序推进课题研究。课题主持人总体负责课题研究的工作安排、调度,负责课题研究的实施方案、工作制度、案例分析、总结提炼等;课题组成员具体负责课题理论学习、问卷调查、课堂行动观察表设计与统计分析、学情收集、课例实践、案例撰写、过程性资料收集、简报撰写及信息发布等。

课题组在实践研究中还多次开展行动研究,召开课题研讨会与阶段成果总结会,对实践中发现的问题与阶段成果进行讨论、归纳、提炼,在后续研究中不断优化,达成目标。

(三)以成效检验与专家论证保质量、凝成果

课题组在课题申报、开题论证、中期论证、成果检验等环节都邀请知名专家进行指导与论证,弥补不足,保障了课题实践研究质量。西南大学于波教授多次通过网络、电话、现场指导等方式对课题研究进行指导,帮助课题组编制调查问卷与课堂行动观察表,对课题研究成果进行定量与定性分析,保证了课题研究的质量与任务的完成。

三、选定研究对象

根据数学文化渗透实践与创编数学文化校本教材的需要,课题组选定了研究对象——绥阳县洋川小学、育红小学、城北实验学校、温泉小学、茅垭中心小学等农村小学的学生,重点开展"数学文化课堂渗透"案例研究,打造"数学文化课堂渗透"典型案例,构建数学文化在农村小学课堂教学中渗透的策略。同时以洋川小学为基地,开展农村小学数学文化校本教材编制与教学实践,在实践中优化校本教材,总结教学策略,提升农村小学生数学核心素养。

四、明确研究方法

本课题在系统深入地借鉴相关理论后,立足于农村小学课堂教学,综合运用文献分析法、调查研究法、案例研究法、行动研究法等在农村小学数学教学中开展数学文化渗透实践研究,并通过问卷调查与课后访谈,从定性、定量两个方面检测了在农村小学数学课堂教学中渗透数学文化的实践效果,以保障课题研究质量。

(一)文献分析法

主要借助中国知网和贵州数字图书馆等网络资源平台,分类检索文献,收集整理相关研究成果。对国内外与数学文化相关的文献资料进行分类归纳,为实践研究提供参考;通过研读与数学文化相关的书籍、报刊及数学课程标准等,为农村小学数学文化渗透实践提供理论依据;通过对人教版小学数学教材及其他版本小学数学教材中涉及数学文化的内容进行分析整理,为创编农村小学数学文化读本提供资料。

(二)调查研究法

科学地编制调查问卷对农村小学师生实施问卷调查。一方面,可以通过问卷调查了解数学文化在农村小学数学教学中的现状,并分析现状背后的原因与问题,为农村小学数学文化渗透实践找准方向与实践路径。另一方面,通过问卷调查对农村小学数学课堂教学中渗透数学文化实践的成果进行量化分析,为课题实践成果提供数据支持,增强了课题研究的实效性。

(三)案例研究法

以农村小学数学课堂教学中数学文化渗透为主题,通过贵州省名师工作室平台实施教学课例实践。主要采取分板块、分内容的方式开展在农村小学数学课堂教学中渗透数学文化课例研究,通过观察记录、视频录像或课后访谈等方式,分析课例教学中存在的问题与原因,进而对教学案例进行改进、优化、完善,在反复实践中打造典型案例,以典型案例为依据,提炼农村小学数学课堂教学中数学文化渗透策略。

(四)行动研究法

以教育理论为基础,开展农村小学数学文化渗透行动研究。主要依据教育理论,结合农村小学数学课堂教学中的实际问题,提出研究假设,拟订行动主题和行动方案,设计课堂行动观察表(见表1-1),开展数学文化主题行动研究。采取"边实践,边观察,边反思"的思路,及时诊断或发现问题,进而调整、优化、修订成新的行动方案,再次开展行动研究,逐步提炼完善数学文化渗透策略。另外,针对人教版教材中数学文化不足的问题,通过计划、行动、教学、评估、修正等方式,开展农村小学数学文化校本教材创编行动研究,创编一套"农村小学数学文化读本丛书",弥补数学教材中数学文化内容的不足。

表1-1 "农村小学数学文化渗透实践"课堂行动观察表

主 题	_____领域渗透策略		时 间	
课 题			执教教师	
观察与思考	问题观察	学生参与	效果评价	改进意见
学生访谈				
达成文化渗透目标的成因分析				
课堂成员讨论要点				
课题成员自己的新思考或启示				

五、形成技术路线

　　基于对研究目标、研究假设、研究内容、研究方法的思考,课题组精心设计了农村小学数学文化渗透实践技术路线。主要分 3 个阶段,采取理论与实践的双向路径,通过理论学习、课堂实践、案例分析、编制教材、课程建设等路径进行研究实践,借助问卷调查、课堂观察、课后访谈等检测手段对实践成果进行论证、反思、调整与优化,最终达成研究目标。具体技术路线如图 1-1。

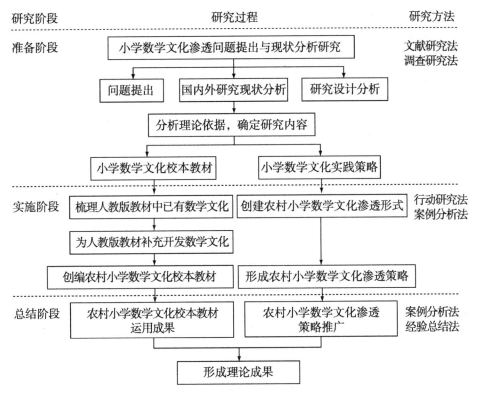

图 1-1 农村小学数学文化渗透实践技术路线

六、落实研究保障

(一)研究阵地

课题组以贵州省名师工作室平台及洋川小学为主阵地,集中开展课题理论学习与交流探讨,分别在洋川小学、育红小学、城北实验学校、温泉小学等学校开展课题研究。同时,利用网络资源优势,以微信、QQ、大数据云平台等开展主题研讨与成果分享活动,边实践边推广实践成果。

(二)时间保证

为使课题研究工作真正落到实处,课题组制订了科学的实施计划与实施方案,并依照计划与方案定期开展专题实践活动,确保课题研究正常有序推进。

(三)制度保障

建立健全课题运作的计划管理制度、实施过程管理制度、问卷调查制度、阶段总结评估制度、资料管理制度、奖励制度等,以保障课题实践的质量。

(四)经费保障

将课题实践研究与名师工作室活动结合,以工作室专项经费为资金保障,经费主要用于课例实践、专题实践、专家论证、外出考察学习等,确保课题研究顺利进行。

(五)技术保障

为了弥补数学文化相关理论的不足,课题组主动寻求专家支持,先后邀请西南大学于波教授、数学专家唐光恂、市管专家周国杰等对课题实践进行指导与论证,确保课题研究的质量。

第二章

农村小学数学文化渗透的实践

南开大学顾沛教授指出:"通过数学文化可使学生体会数学的科学价值、应用价值、人文价值;开阔视野,加强学生对数学的宏观认识和整体把握;使学生受到优秀文化的熏陶,领会数学的理性精神,从而提高自身的文化素养。"

在农村小学数学课堂教学中渗透数学文化,能让农村小学生在潜移默化中建立积极的数学情感,养成理性的思维方式,形成良好的数学品格,拥有数学的审美意识,从小受到数学文化的熏陶,在数学文化的滋养下提高数学核心素养。

第一节 策略体系构建

当今社会已逐步进入人工智能时代,不远的未来学生不仅要应对人与人之间的竞争,还将面临人与机器之间的竞争,他们比以往任何时候都更需要数学头脑、理性精神、创新意识等关键素养。因此,小学数学教育理应回到原点,着眼于人的发展,关注学生理性思维、创新精神、文化底蕴等数学核心素养的培养。反观当下农村小学数学课堂教学,由于对知识、技巧等工具性价值的过度追求,课堂教学变得枯燥乏味,学生变成答题的机器,使得学生有知识没智慧、会记忆不会思考、能解决问题不能提出问题。教育是"慢"的艺术,数学核心素养的培养也是一个长期过程,需要我们在循环往复中内化,在学习传承中发展。因此,笔者遵循文化育人、活动育人、过程育人理念,从数学文化视角着手,采取数学文化与课堂教学结合的方式,开展农村小学数学文化渗透实践。在教学实践中提出了以"阅读数学为基础,玩数学、探数学为关键,写数学为拓展"的数学文化渗透方式,构建了"习、熏、悟、化"四字基本策略,创编了农村小学数学文化校本教材,丰富了农村小学数学文化渗透的课程建设资源。

一、农村小学数学文化渗透的主要方式

"阅读数学为基础,玩数学、探数学为关键,写数学为拓展"的渗透方式,主要是通过课前3 min数学文化阅读与讲述,开发适合小学生的数学文化课程,开设数学文化专题课,课内外写数学等方式渗透数学文化。如班级可组织学生利用课前3 min让学生讲述数学历史(数学名人、数学故事)、解一道数学趣味题、说一个生活中的数学问题,开展数字成语接龙、巧编数学儿歌、口算王挑战赛等数学活动。在讲述与应用中,学生学会有条理地表达,学会用数学眼光看待问题,感受到数学的文化魅力。通过创编"玩转拼图""玩转七巧板"等探究性思维游戏,让学生在玩中学,享受学习的乐趣。采取写数学日记、编数学小报、绘思维导图等,培养学生的反思习惯和元认知能力。农村小学数学文化渗透方式见图2-1。

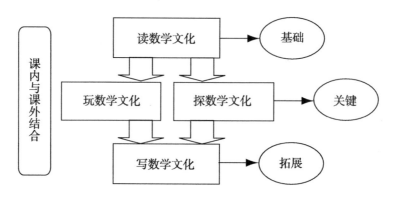

图2-1　农村小学数学文化渗透方式

(一)课内外阅读数学文化是基础,在讲述中升华

阅读数学文化是通过系统阅读数学文化读本来拓宽学生的数学视野,丰富数学学习底蕴。阅读不仅能给学生带来知识的增长,更能促进学生能力、情感、态度和价值观的综合发展。千百年来,人类对自然界的探索以文字、图表等浓缩的形式呈现在书本上,呈现出冰冷的美丽,如刘徽的"割圆术"、祖冲之的"圆周率演算"、《孙子算经》中的"鸡兔同笼问题"等。"深度阅读"能让学生走入数学深处,把握

数学本质,感受数学的奇妙,为学生终身学习数学打下坚实的基础。因此,在数学教学中教师要充分利用这些传统文化经典,主动为学生搭建"深度阅读"的平台,有效地把课堂教学内容与课外数学文化经典阅读结合起来,让学生在深度与广度的阅读传承中感受数学的魅力,开阔数学视野,发展理性思维。如在教学《平行四边形的面积》后,可让学生阅读刘徽《九章算术注》中"割补术",理解"出入相补、以盈补虚"的原理;在教学《可能性》后,可让学生阅读"科学家抛硬币的实验研究",体会"随机现象与等可能性"的数学魅力;在教学《年、月、日》后,可让学生阅读"平年、闰年的相关知识",感受"闰年、闰月推算"中古人的智慧。

学习在分享中丰富,在交流中发展。从"学习吸收率金字塔"可知,把知识讲给别人听效率最高,学生在讲述中对数学文化经典进行内化,能把"冰冷的美丽"转化为"火热的思考",可触及数学知识的本质。因此,在小学数学课堂教学中,教师要充分留给学生"讲述与展示"的时间与空间,为学生深度学习提供支持。如每节新授课前可充分利用课前 3 min,组织学生结合新知识开展讲述一个数学家的故事、解一道数学趣味题、说一个生活中的数学问题等展示活动。这些充满意趣的讲述活动,既能实现新旧知识的有效衔接,激发学生学习兴趣,又能发展学生的批判性思维,提高学生的归纳与演绎及信息处理能力,在潜移默化中发展学生数学核心素养。

(二)课内外玩数学游戏与主题探究是关键,在思考中发展

玩数学游戏与主题探究是发展学生数学核心素养的主要方式。数学文化与教学整合不应是简单地增添、插补一些故事、花絮及阅读材料和生搬硬套的文化说教,而应是一种求之于内的有机的渗透与融通、对话与思辨、经历与体验。渗透数学文化的核心是把"冰冷的美丽"转化为"火热的思考"。因此,小学数学教学要从学生认知规律着手,创设打破学生认知平衡的挑战性问题,让学生经历知识"再创造"过程,在体验中还原数学的本来面目,演绎数学的文化魅力,展现数学的意趣与价值。

玩数学游戏就是通过创编系列化"探究性思维游戏",让学生在玩中学,享受学习的乐趣。好玩、好动是小学生的天性,教育就应该遵循学生成长规律,顺木之天,以致其性。数学是一门抽象性较强的学科,要理解抽象的概念、公式,进行复杂的演算与解答,学生不免感到枯燥乏味。因此,教师在教学过程中要善于将数学游戏当作课堂的催化剂,让学生轻松愉快地掌握数学知识,摆脱以往学习数学时的机械与单调,让学生带着好奇心去玩,在玩中学,在玩中思,在思中进。如:教学《简单加减乘除》后,可以开展"巧分24 点"的游戏活动,即把一副扑克中抽去大王、小王、J、

Q、K,剩下 40 张,任意抽取 4 张,用加、减、乘、除(可加括号)把牌面上的数字算成 24。教学《两位数乘两位数》后,可以开展"找规律写得数"的游戏,即顺次演算算式 $15 \times 15, 25 \times 25, 35 \times 35, 45 \times 45, 55 \times 55, 65 \times 65, 75 \times 75, 85 \times 85$,引导学生分析:因数的个位、十位有什么特点,与得数有什么关系? 这里面有什么奥秘? 如果把个位换成其他相加得 10 的数,这一规律还成立吗? 教学《平面图形》后,可以开展"玩转拼图""玩转七巧板"等游戏活动。这些智力游戏活动,能激发学生探究兴趣,锤炼学生数学思维方式,使其体悟数学思想和方法的魅力,感受到数学的意趣与价值。

要把学生看作是活生生的人,不能把学生看作是容纳知识的容器,只是"我讲,你听,填满为止"。探究学习是站在学生立场,从问题或任务出发,通过形式多样的探究活动,让学生获得知识与技能,获得基本探究经验与基本数学思想,进而培养学生探究能力和积极的情感态度。弗赖登塔尔认为,泄露一个可以由学生自己发现的秘密,那是"坏的"教学。教学中教师应巧妙创设探究活动,少讲一点,以核心问题引领学生思考,让学生带着问题自己去探究,自己去发现,自己去尝试,充分经历数学知识"再创造"的过程。在经历观察、猜想、实验、验证、推理、建模的过程中学会数学地思考问题,在问题、探究、尝试、解决的循环往复中形成良好的数学思维品质。如教学《三角形的面积》一课时,教师基于学生对长方形与平行四边形面积的学习经验,可设计探究性学习任务——如何把三角形转化为学过的图形? 新旧图形间有什么联系? 并为学生准备直角三角形、锐角三角形、钝角三角形等活动材料,让学生通过剪、摆、拼等先自主探究,然后组织学生合作学习,为学生营造思维碰撞的环境,让学生在交流中学会思考,在对话中走向深刻,在问题中拓展提升。在教学《比例》一课时,可设计"把操场画在纸上"的探究活动,让学生将周长为 400 m 的操场(中间为长方形,两边为半圆形)画在一张 A4 纸上。这种主题探究式学习,既关注学生所学知识的应用、迁移、转化,又关注学生的亲身体验与理性思考,还关注学生的创新意识与批判性能力培养,能让学生在思辨中发展数学核心素养。

(三)课内外写数学是拓展,在反思中创造

写数学是通过学画思维导图、写数学日记、记错题等方式,培养学生的反思习惯和元认知能力。写数学是学生在传承数学文化基础上的拓展与创造,对发展学生数学核心素养非常重要。因此,在教学中教师要有计划、有目的地组织学生进行写数学活动,让学生在自主建构、自主创造中发展数学素养。写数学在内容上要尽量丰富,可以是整理课内知识,也可记录课内外收获及自己的奇思妙想等;在形式

上要尽量开放,可以写数学日记、编数学小报、绘思维导图等。

千金难买回头看,反思能帮助学生建立完整的知识结构和理解数学的本质,为学生提供个性化学习。如在教学《简便运算整理与复习》一课后,教师结合本课知识总结出"简便运算三字经":"做简算,细观察;找特点,想凑整;连续加,结对子;连续乘,找朋友;连续减,减去和;连续除,除以积;减去和,可连减;除以积,可连除;公因数,提出来;特殊数,巧拆分。"然后组织学生结合"简便运算三字经"对本节课知识学习进行回顾,学生在读中思、思中悟、悟中写,不仅能加深学生对简便运算定律的理解,发展学生思维,还能让学生感受到数学的魅力,激发学生终身学习数学的兴趣。

总之,农村小学数学课堂教学从数学文化的视角着手,采取"读与讲结合,玩与探结合,写与思结合"的教学策略,能让学生真正感受到数学魅力与精髓,培育学生良好的数学思维方式与探究习惯,引导学生学会用数学的眼光观察生活,用数学的思维分析问题,用数学的语言表达世界,最终形成数学学科核心品质。

二、农村小学数学文化渗透的策略体系

农村小学数学文化渗透的策略体系见图 2-2。一个视角是"努力构建具有文化意蕴的数学课堂":借鉴数学知识的发生、发展,再现历史上的数学思想方法,利用丰富的数学历史资源构建具有文化意蕴的数学课堂。两条路径主要是"数学课堂常态教学渗透与数学文化专题课堂渗透":通过挖掘数学文化资源,梳理不同版本教材中的数学文化渗透点,在常态教学中进行数学文化渗透;根据数学文化渗透点创编农村小学数学文化校本教材,实施主题文化课堂渗透,培育学生数学学习兴趣与正确价值观。三种方式为"链接式、融合式、拓展式":指根据教学内容中的知识点,可采取链接数学史料、数学家的故事、生活中的数学等进行文化渗透;可借鉴和融合知识发生、发展的过程进行渗透;可根据知识内容让学生创编儿歌、写数学日记、画思维导图,拓展学生的知识面。四字策略即"习、熏、悟、化":"习"为习得,通过学生自主"探"习、小组"研"习、师生"辩"习,沿着数学知识发生、发展的轨迹亲历探索过程,在过程中把握数学本质,学会数学地思考,形成数学思维方式;"熏"为熏陶,学生在数学史、数学家精神、数学美的熏陶下汲取精神力量,形成数学品格;"悟"为感悟,学生在数学思考中顿悟,在数学建模中领悟,在数学应用中感悟,走进数学内部,逐步学会用理性思维去感悟美妙的数学世界,形成数学核心素养;"化"为内化,学生在迁移运用、回顾反思、拓展延伸等体验过程中实现数学意识催

化、数学思想内化、数学精神涵化,逐步学会用数学的眼光看、用数学的思维想、用数学的语言说,帮助学生从"理性思维"走向"理性精神",形成数学能力。五类价值指"知识之谐、思想之神、探究之乐、数学之美、德育之效":知识之谐,指借鉴、融入数学文化的教学,使得知识的发生和发展自然而然,符合学生认知规律,易于为学生所理解;思想之神,指通过感悟数学文化中的数学思想,学会深入思考,体会到数学思维的灵活性、丰富性和创新性;探究之乐,指以数学文化渗透点为主题设计探究活动,为学生提供探究机会,让学生在探究过程中积累数学活动经验,像数学家那样获得成功的体验;数学之美,指通过揭示数学与现实世界或人类其他知识领域之间的密切联系,呈现数学之美,展示数学文化的多元性;德育之效,指让学生感知数学背后的人文精神,培养学生积极的情感态度和价值观,让他们拥有历史使命感,树立良好的品行和操守,培育品格。

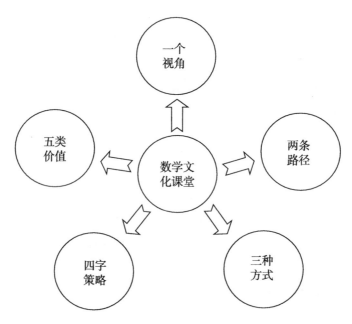

图 2 - 2　农村小学数学文化渗透的策略体系

三、农村小学数学文化渗透的基本策略

课堂是教育教学质量提升的主阵地,更是落实学生数学核心素养的重要途径。农村小学课堂因教师教学观念陈旧,教学策略单一,普遍存在以教师讲授为主的一言堂和注入式教学现象,课堂上多是死记硬背的浅层学习、低效重复的机械训练,

学生很少有自己的理解、发现、看法,重知识、轻能力,严重降低了学生的学习品质。笔者通过数学文化渗透实践,提出了"习、熏、悟、化"的农村小学数学文化渗透基本策略(见图2-3),切实为农村教师提供了可借鉴的渗透策略,有力地促进了数学文化在农村小学数学课堂中的渗透。

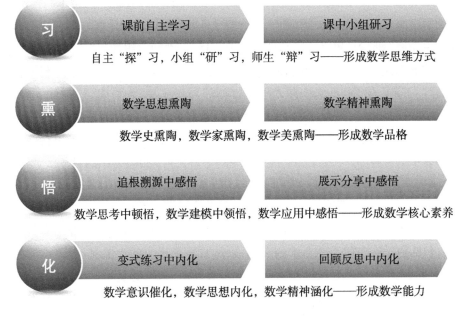

图2-3 农村小学数学文化渗透的基本策略

(一)"习",让学生在知识重构中习得数学思维方式

《中共中央 国务院关于深化教育教学改革全面提高义务教育质量的意见》第八条明确指出:"优化教学方式。坚持教学相长,注重启发式、互动式、探究式教学,教师课前要指导学生做好预习,课上要讲清重点难点、知识体系,引导学生主动思考、积极提问、自主探究。"《义务教育数学课程标准(2011年版)》也指出:"认真听讲、积极思考、动手实践、自主探索、合作交流等,都是学习数学的重要方式。"可见,小学数学教学应以"生"为本,让学生自己去探究、去尝试、去发现、去建构。数学教材中的知识都是以结果的形式陈述,压缩了知识形成过程,以文字、图表的形式呈现在书本上,表现出"冰冷的美丽"。面对人类文化精华,教师应帮助学生把"冰冷的美丽"转化为"火热的思考",通过学生自主"探"习、小组"研"习、师生"辩"习,由浅入深地驱动学生积极、主动、深入地思考,充分经历数学知识发生、发展、形成的过程,在知识"再创造"的过程中逐步形成数学的思维方式,提升数学思维能力。

如教学《平行四边形的面积》一课时,教师首先创设问题情境——"工人要给一块平行四边形的空地铺草皮,请同学们帮助工人计算需要准备多少草皮",明确任务,接着组织学生自主"探"习,让学生自己去测量需要的数据(保留整厘米数),去尝试计算平行四边形纸片的面积。由于受长方形面积负迁移影响,学生出现"邻边×邻边＝平行四边形的面积,底×高＝平行四边形的面积"两种不同想法,此时,教师组织学生小组"研"习,研论哪种想法正确,为什么? 用核心问题驱动学生积极、主动地"研"习、思考。在师生互动展示环节,教师组织学生"辩"习,用"为什么'邻边×邻边'的结果是错误的,'底×高'的结果是正确的"引发学生辩论,使学生在质疑、补充、批判、反思中深入思考,把握"周长不变,面积变化"的知识本质。整个教学过程以学生为本,以问题为明线,以思维为主线,以素养为暗线,让学生在"观察—猜想—实验—验证—推理—建模"的过程中积累思考的经验,习得数学思维方式。

(二)"熏",让学生在文化滋养中汲取精神力量

《义务教育数学课程标准(2011年版)》指出:"教材可以适时地介绍有关背景知识,包括数学在自然与社会中的应用,以及数学发展史的有关材料,帮助学生了解在人类文明发展中数学的作用,激发学习数学的兴趣,感受数学家治学的严谨,欣赏数学的优美。"可见,在小学数学教学中教师不仅要帮助学生掌握未来发展所需的基础知识和技能,更要通过数学史熏陶、数学家熏陶、数学美熏陶,促进学生数学品格和健全人格养成。

几千年积淀而成的博大精深的数学文化中蕴藏着数学家们严谨的科学态度、良好的品格修养和开拓、创新与进取的品质,是滋养学生理性精神、培育数学品格的重要教育资源。小学阶段是学生接受系统教育的开始,是学生人生观、数学观形成和发展的重要时期,更应重视将数学文化贯穿于课堂,促进学生数学品格及健全人格养成。因此,在教学中教师要厘清知识的来龙去脉,挖掘蕴含在人物、典故、历史中的数学精神,适时地利用数学史、数学家精神、数学美对学生进行心灵熏陶,让学生感受到数学思维的严密、思想的深刻,震撼于数学家实事求是、言必有据、勇于质疑、追求真理的理性精神,在良好的文化启蒙和洗礼中健全人格。

如在教学《圆的周长》一课时,教师通过链接"圆周率的历史",向学生介绍圆周率诞生、发展的历程,从最初的"3倍多一些",再到后来的"3.14",进而到"3.141 592 6到3.141 592 7之间",至后来的小数点后面几十位、几百位、几千位,乃至今天利用计算机算出圆周率小数点后面的10 000多亿位,这是何等惊人的数

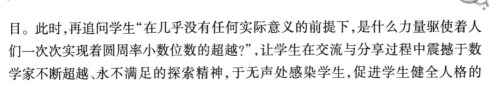

目。此时,再追问学生"在几乎没有任何实际意义的前提下,是什么力量驱使着人们一次次实现着圆周率小数位数的超越?",让学生在交流与分享过程中震撼于数学家不断超越、永不满足的探索精神,于无声处感染学生,促进学生健全人格的形成。

(三)"悟",让学生在体验感悟中获得数学思想

俗话说:教之道在于度,学之道在于悟。数学思想是数学的灵魂,它表现在知识形成、发展、应用的过程中,必须通过过程来教育,依靠学生自己在数学化过程中去感悟获得。农村小学数学课堂教学中普遍存在着"重结果、轻过程"的现象,教师仅把教材中提供的数学史、阅读资料、数学游戏等内容生搬硬套在课堂中,如教师组织"长方形纸剪大洞""莫比乌斯环""算 24 点"等趣味活动时,将操作技巧和蕴含的原理直接告知学生,学生只是机械地按照指令操作,缺少对数学本质的叩问及数学思想的感悟,让真正独立、深刻、富有创造的"思考"一步步离学生远去。因此,核心素养下的小学数学课堂教学,教师应以深刻的思想方法分析带领具体内容的学习,通过设计丰富的数学活动或环节,让学生走进数学内部,深入到思想的层面,在数学思考中顿悟,在数学建模中领悟,在数学应用中感悟,获得适应未来社会发展和生活所需的基本数学思想。

如在教学《三角形的面积》时,教师基于学生已有的计算长方形面积与平行四边形面积的学习经验,精心设计学生自主探究、建模环节,通过学生主动参与、独立思考、亲身实践,经历三角形面积计算公式的推导过程,使其体悟到化归、推理、"倍拼"转化等数学思想。教学时教师用"平行四边形的面积是怎么研究的?""为什么要转化为长方形来研究?"等问题驱动学生思考,让学生在数学思考中顿悟"学习新知可以将没学过的知识转化成已学过的知识来解决问题"的化归思想。接着,设计数学建模活动,教师为学生准备直角三角形、锐角三角形、钝角三角形等材料,让学生通过剪、拼、摆等实践活动进行观察、比较、辨析,发现新图形与原图形的联系,推导出三角形面积计算公式,领悟到三角形面积计算公式的"倍拼"转化思想。整个教学过程中,教师让学生在体验中体悟化归、推理、"倍拼"转化思想,为后续的图形面积计算学习奠定重要的思想和思维基础。

(四)"化",让学生在知识内化中发展数学素养

东北师范大学史宁中教授指出:数学教育的最终目标是让学生学会用数学眼光观察世界,用数学思维思考世界,用数学语言表达世界。日本数学家米山国藏也

认为:如果不是从事与数学有关的职业,那么过十几年之后,留在人们脑海深处的不是数学的知识与技能,而是数学思维方法、数学观念等,这些数学素养让他们终身受益。可见,数学知识是有可能会忘的,但当知识背后的数学精神、数学思想、数学方法等内化为人的觉悟时,就会形成相应的数学素养,使人变得更有智慧,一生受用不尽。因此,教学中教师应设计迁移运用、回顾反思、拓展延伸等活动,帮助学生经历"催生"数学基本思想的内化过程、基本活动经验的积淀与提升过程,实现数学意识催化、数学思想内化、数学精神涵化,让学生逐步学会用数学的眼光看、用数学的思维想、用数学的语言说,从"理性思维"走向"理性精神"。

如在教学《简便运算整理与复习》一课时,教师在对简便运算进行整理与综合练习后,设计了数学思想内化活动。教师首先用课件出示"简便运算三字经",然后组织学生结合"简便运算三字经"对本节课知识进行回顾,让学生在读中思、思中悟、悟中说、说中内化,促使学生把零散的简便运算知识内化为系统的认知结构。本环节设计,不仅增强了学生对简便运算定律的理解,还让学生学会用"简便运算的眼光"去观察、用"凑整和转化的思维"去思考、简洁的符号语言去表达。

四、农村小学数学文化渗透的育人价值

农村小学数学文化渗透的育人价值见图2-4。

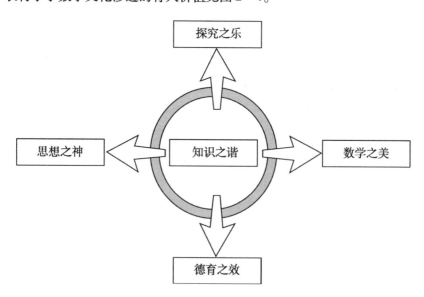

图2-4 农村小学数学文化渗透的育人价值

博大精深的数学文化给数学学科提供了丰富的资源,使得数学在帮助小学生形成正确的人生观、价值观、世界观等方面发挥着独特的作用。在农村小学数学课堂教学中渗透数学文化,主要是让学生沿着数学知识发生、发展轨迹亲历探索过程(知识之谐),在数学史、数学家精神、数学美的熏陶下汲取精神力量,在数学思考、数学建模、数学应用中感悟数学思想,在迁移运用、回顾反思、拓展延伸等体验过程中实现数学意识催化、数学思想内化、数学精神涵化,最终使农村小学生获得对数学的积极的情感态度、理性的思维方式、良好的数学品格、初步的审美意识。

(一)数学文化渗透有利于培育学生积极的数学情感(探究之乐)

兴趣是最好的老师,有趣、好玩是儿童的情感需求。在小学阶段,培养学生的数学兴趣、数学情感尤为重要,只有学生真正喜欢数学、热爱数学,对数学有着浓厚的兴趣,才会逐渐培养起数学思维方式、理性精神、健全人格。数学本来就是"情知对称"的学科,教师在知识教学的同时理应关注学生的情感体验,通过"火热的思考"激发学生对学习数学的内在动力。当下农村小学数学教学过于注重"以知识为本",存在着对知识与技能的盲目追求,忽视学生情感、态度、价值观的培育;存在着过分拘泥于知识的逻辑性和思维的抽象性,忽视数学学习与情感体验的有机融合;存在着过度的训练和被动的学习,缺少动手实践、自主探索、合作交流的机会,使学生对数学学习兴趣不浓,严重降低了数学学习品质。知识的课堂谓之器,文化的课堂谓之道。融入数学文化的教学是以生活为源泉、以思维为核心、以情感为纽带,依托课堂"释放"凝结在具体知识背后的数学精神因子,将"冰冷的美丽"化为"火热的思考",引发学生主动思考、积极思考、深入思考,在知识探究过程中享受到顿悟时的愉悦、争辩时的激越、聆听时的惊讶,从而激发学生内心深处对数学的浓厚兴趣。

例如,在教学《可能性》一课时,教师将《狄青百钱定军心》《生死签》等数学故事引入课堂,进而创设问题情境——"抛100枚硬币,全部正面朝上可能吗?"引发学生认知冲突,让学生在不知不觉中产生学习的需求。然后,设计"摸球"游戏,用"活动任务"引领学生经历观察、猜测、操作、验证、分析的"可能性"建模过程,让学生走进数学内部,受到一次思维的历练。最后,在知识应用环节设计"超市促销大转盘抽奖""数学家抛硬币实验"等探秘活动,让学生在玩中思、在思中悟、在悟中明,感受到数学家严谨而科学的探索精神。整个教学过程,教师要让学生感受到数学不再是枯燥乏味、冰冷的符号,而是充满想象、激情、诗意的广袤天地,增强学生对数学的积极情感。

(二)数学文化渗透有利于培育学生理性的数学思维(思想之神)

数学文化作为人类文化的重要组成部分,对学生理性思维、创新意识和问题解决能力的培养起着不可替代的作用。在农村小学数学课堂教学中,普遍存在对思维的训练不深入、教师过于追求表层的热闹的现象,对思维的引导常常是点到为止、浮光掠影,让真正独立、深刻、富有创造的"思考"一步步离我们远去,严重制约学生理性思维的培育。简单育技能,复杂生智慧。融入数学文化的教学是基于学生最近发展区,设计具有挑战性的思维活动任务,引导学生去重历或者模拟数学知识的发生、发展过程,让学生在观察、比较、分析、综合、抽象、概括的过程中经历从片面思考到全面思考,从无序思维到有序思维,从肤浅认识到深刻认识的成长过程,实现思维品质的提升、思维方式的修正、思维能力的发展。

如,在教学"德国数学家高斯计算'$1+2+3+\cdots+98+99+100$'"的数学故事时,教师不能只让学生知道这一问题的结果或直接告诉学生高斯是如何计算的,而应给予学生足够的时间尝试与探索、体验与理解、思考与交流,让学生自己先经历从左到右依次相加计算的过程,然后思考、质疑和批评自己的方法,因为这种方法是不可能很快地计算出结果的。在此基础上,让学生通过观察这些数之间的联系,猜想、归纳出规律,发现新的计算方法。这样的教学能使学生充分经历高斯简便计算方法的"再发现"过程,对帮助学生学会数学地思考,学会理性、审慎地看待问题非常有利,对培养学生思维的深刻性、批判性、合理性等也非常有价值。

(三)数学文化渗透有利于培育学生良好的数学品格(德育之效)

经几千年积淀而成的数学文化中蕴藏着数学家们严谨的科学态度、良好的品格修养和顽强进取的品质,有着独特的育人价值。一直以来受考试文化的影响,农村小学数学教师过于注重数学的工具性价值,使机械记忆、单纯模仿、反复操练成为常态,严重忽视数学的人文性,留给学生的是一堆枯燥乏味的符号、定理,这是数学文化价值的严重偏离。荣格说:"一切文化最终都沉淀为人格。"小学阶段是学生接受系统教育的开始,是学生人生观、数学观形成和发展的重要时期,教师应重视培育学生良好数学品格和健全人格。融入数学文化的教学以"文以化之"的教育理念来凸显人文价值。在教学中教师通过主动链接数学历史、人物、典故中的数学精神,为学生提供丰富多彩的学习资源,使学生能触及数学的源头、数学的精神、数学的力量,受到良好的文化启蒙和洗礼。

如在教学《圆的周长》一课时,教师可链接数学史料——《圆周率的历史》,向学生介绍圆周率诞生、发展历程。此时,再提出"在几乎没有任何实际意义的前提下,是什么力量驱使着人们一次次实现着圆周率小数位数的超越?",引发学生思考,让学生在感悟与分享过程中,受到数学家不断超越、永不满足的探索精神的熏陶,激发学生求知的欲望。这样的素材在小学数学文化教学中比较多。

教师还可从数学结论的确定性、真理性中引导学生形成尊重事实、崇尚真理的精神品质,使学生从小养成不迷信权威、忠于真理的精神品质;从数学思维的精确性中使学生明白数学来不得半点马虎和轻率,否则会因小数点错位而造成重大的经济、科技损失,从而养成思维严密、不冲动、不盲从的思维品质;从数学家的生平与趣闻中感受数学家们不懈地探索真理、坚持真理、为真理献身的可贵精神与品质,于无声处感染学生,促进学生人格的完善和数学品格的发展。

(四)数学文化渗透有利于培育学生初步的审美意识(数学之美)

数学的美内涵丰富,有数学图形的简洁美、数学公式的简约美、数学符号的对称美、数学规律的严谨美、数学表现的构图美、数学思想的深刻美等。它是一种冷而严肃的美,一种深藏着的理性美,对人有着激励、召唤、熏陶、点化的积极意义。但这些内在美不能靠学生的感官直接去感知,需要学生去发现、探究、转化,才能内化为学生的审美品质和涵养。农村小学数学教学中,许多教师对非考点的数学文化内容几乎不关注,使数学美的思想和美的方法被严重忽视,学生也失去了发现、体验、欣赏数学美的机会,从而影响学生创新能力的发展。小学阶段是培养学生审美意识的重要时期,所以教师需要拥有"长远的眼光",着眼于学生的终身发展,以数学之美去熏陶学生,激励学生,培育学生对数学的持久兴趣。教师在融入数学文化的教学中多角度、多层次、多方位地为学生提供蕴含数学之美的资源,主动为学生创造数学美、展现数学美,让数学美以一种温和易亲近的性格走近学生,使课堂教学变得诗意盎然、生动活泼,让学生乐意置身其中去发现和感悟数学美,震撼于数学内部的和谐,受到数学美的熏陶,在潜移默化中形成初步的审美意识。

如在教学人教版《数学六年级下册》中的"七桥问题"时,教师可以先让学生自己去思考与讨论"怎样才能不重复不遗漏地一次走完七座桥?",并给予学生充足的时间去探究。当学生充分思考与探索后,他们才会感受到"要想不重复地走过哥尼斯堡的七座桥,需要尝试的走法数不胜数",当学生百思不得其解时才会迫切想知道解决方法。这时教师再向学生介绍著名数学家欧拉"将岛抽象成点,将桥抽象成线",把原本复杂的数学难题转化成了数学上显而易见"一笔画"问题,最终轻松解决这道数学难题,让学生在思维上、情感上经历从一筹莫展、若有所思,到茅塞顿开、悠然心会的内化过程,震撼于数学的抽象美、简洁美,感受到数学丰富而巧妙的方法、简洁而深邃的思想及数学思考的力量。

第二节 校本教材编制

根据《义务教育数学课程标准(2011年版)》提出的"数学文化作为教材的组成部分,应渗透在整套教材中"的要求,为了践行"人人都能获得良好的数学教育,不同的人在数学上得到不同的发展"的课程理念,让农村小学生从小受到文化感染、思想启迪、精神熏陶,激发学生学习数学的兴趣,课题组对以人教版为主的各版本教材进行了梳理与整合,采取改编、补充、化静为动等方法,创编了一套适合农村小学数学教育的数学文化读本,并将读本以专题课的形式应用于教学,有力地充实了农村小学数学文化校本资源,拓宽了学生的数学视野,弥补了农村小学数学教育中数学文化素材匮乏的不足。

一、数学文化在人教版小学数学教材中的体现

随着基础教育课程改革的不断深入,"数学教育应重视数学文化的教育"已经引起广大教育工作者,特别是小学数学教师的重视。教师在教学中开展数学文化的教学,能更好地激发学生学习数学的兴趣,拓宽学生的视野,提高学生的民族自豪感,帮助学生认识数学、学习数学和应用数学,对培养学生的学习能力、实践能力和创新能力有积极作用。教材是学校教育和文化传播的主要载体,数学文化走进教材,融入实际教学,有利于激发学生学习兴趣,帮助学生了解数学、认识数学,使学生真正感受到文化渲染,产生文化共鸣,体会数学的文化品位,从而体察到社会文化和数学文化之间的互动,感受到数学文化在人类文明和社会发展中的重要意义。《义务教育数学课程标准(2011年版)》在教材编写建议中提出:"数学文化作为教材的组成部分,应渗透在整套教材中。"为此,教材可以适时地介绍有关背景知识,包括数学在自然与社会中的应用,以及数学发展史的有关材料,帮助学生了解数学在人类文明发展中的作用,激发学生学习数学的兴趣,使其感受数学家治学的严谨,欣赏数学的优美。例如,可以介绍《九章算术》、珠算、《几何原本》、机器证明、黄金分割、布丰投针等。基于课程标准的要求,人教版小学数学教材设立了介绍数学文化的栏目,对这些栏目的研究是数学文化校本教材创编的基础。

　　数学文化不仅包括数学知识、数学方法,还包括数学思维、数学精神等,这些内容主要以教材为载体,通过课堂教学来落实。因此,本课题对数学文化在小学数学教学内容中的体现是基于对教材内容的分析,主要针对人教版小学数学教材进行数学文化内容的提炼总结。现行人教版小学数学教材中设置了"你知道吗?""生活中的数学""数学游戏""数学广角"等栏目来介绍数学文化,素材十分丰富,主要涉及生活、历史、数学家、环境、游戏等方面,通过"文字 + 符号 + 情境图"的形式揭示了数学思想方法在不同领域中的运用。就体现形式而言,目前以显性的体现形式和隐性的体现形式为主。

(一)数学文化在人教版教材中的显性体现形式

　　《义务教育数学课程标准(2011 年版)》中提出"教材可以适时地介绍有关背景知识,包括数学在自然与社会中的应用,以及数学发展史的有关材料"的教材编写建议。另外,数学教材的编写还强调要增加与生活实际密切相关的内容,提供丰富的生活素材,使学生感受数学与现实生活的联系,了解更多生活中的数学,学会在生活中进行数学应用。并强调教学内容要注意体现自主探索、合作交流的学习方式,安排训练数学思维的教学内容,加大渗透数学思想方法的力度。依据以上几点,通过对人教版小学数学教材的分析,数学文化的显性体现主要以"你知道吗?""生活中的数学""数学游戏"和"数学广角"几个专题作为载体具体呈现。

　　1. "你知道吗?"

　　"你知道吗?"栏目主要借助文字介绍一些数学背景知识,或集中于对数学史的介绍。这里的数学史主要是指数学知识的演变和发展进程,以及历史上著名数学家的故事等。如《大数的认识》(《数学四年级上册》)中"你知道吗?"栏目以连环画的形式讲述阿拉伯数字的产生与发展,使学生走出阿拉伯数字是由阿拉伯人发明的认识误区(实际上是印度人发明了阿拉伯数字,后由阿拉伯人传向欧洲,之后欧洲人将其现代化,阿拉伯人的传播成为该种数字走向国际的关键节点,所以被称为"阿拉伯数字"),通过呈现这一内容可以成功引发学生进行数学学习的兴趣,能起到拓宽学生知识面的作用。

　　2. "生活中的数学"

　　"生活中的数学"栏目主要是以图文并茂的形式展现与日常生活密切联系的生活常识或生活应用。如《圆》(《数学六年级上册》)中"生活中的数学"栏目里解释了汽车车轮和马路上的井盖设计成圆形的原因;《图形的运动(二)》(《数学四年级下册》)中"生活中的数学"栏目里介绍了古今中外有很多建筑是对称的,体现数学在建筑艺术上的运用;《认识时间》(《数学二年级上册》)中的"生活中的数学"栏目里介绍了北京天安门前的升旗时间和降旗时间及车票时间等。这些都与学生的日常生活相关并为学生所熟悉,是数学知识在生活中的应用,一方面可以巩固所学知识,另一方面也可以提高学生解决生活中问题的能力。

3. "数学游戏"

"数学游戏"栏目主要以"文字 + 符号 + 情境图"的形式设置一些数学小游戏来增加学生学习数学的兴趣。这些游戏的设置主要围绕学生在这一章节所学知识展开,在游戏的过程中达到运用和巩固新知识的目的。如在学习完《100 以内数的认识》(《数学一年级下册》)中数的大小比较之后,在"数学游戏"栏目里有一个"猜一猜,瓶子里有多少个珠子"的游戏,将知识内含于游戏之中,使数学学习增添趣味性,也符合低学段学生的认识特点和心理规律。这个游戏有助于学生进一步认识数字,巩固比较数的大小的方法,并初步获得对不确定性的体验,从而培养学生的判断能力。为了能让学生很好地参与到游戏中,教材中有详细的游戏规则说明,在学习与巩固数学知识的同时,让学生明白做事情要遵循一定的规则,从而养成良好的行为习惯。

4. "数学广角"

"数学广角"是人教版教材的一大特色。作为教学内容的拓展,自 2002 年在人教版《数学二年级上册》中首次推出以来,一直保持至今。"数学广角"为学生提供了具有更大探索、思考空间的学习素材。"数学广角"旨在拓展学生学习数学、应用数学的视角,开拓视野,让学生能够更加深切地领略数学的魅力,它的价值取向非常鲜明。

为了加大渗透数学思想方法的力度,人教版教材对"数学广角"的内容作了适当调整与修改(见表 2 - 1)。修改后"数学广角"的内容是从一年级下册开始(未直接叫做"数学广角"),每册教材单独设置一个单元,二年级开始叫做"数学广角"。该栏目主要为学生提供一些简单的被数学化了的问题及解决这些问题的过程与方法,利用操作、直观等手段渗透重要的数学思想方法。其主要内容有:找规律、推理、集合、搭配、优化、鸡兔同笼、植树问题、找次品、数与形、鸽巢问题。这些教学内容既具有挑战性,又具有趣味性,有利于学生主动地进行观察、猜测、实验、验证、推理与交流,初步感受数学的思想方法,同时有助于积累数学活动的基本经验和培养探究数学问题的兴趣。以《数学五年级上册》为例,在"数学广角"栏目里以植树问题为情境,通过思考讨论得出植树的正确做法,在这一过程中,有助于锻炼学生思维的缜密性、有序性和灵活性,从而提高思维品质。

表2-1 "数学广角"内容编排修改前后对比

年 级	册 别	修改前	修改后
一年级	上册	分类:物品、图形的分类	
	下册	找规律:数、形简单的排列规律	找规律
二年级	上册	数学广角:简单排列组合 简单逻辑推理	数学广角——搭配(一)
	下册	找规律:数、形稍复杂的排列规律	数学广角——推理
三年级	上册	数学广角:排列组合	数学广角——集合
	下册	数学广角:交集问题 等量代换	数学广角——搭配(二)
四年级	上册	数学广角:烙饼问题、沏茶问题、排队问题、田忌赛马	数学广角——优化
	下册	数学广角:植树问题	数学广角——鸡兔同笼
五年级	上册	数学广角:数字编码	数学广角——植树问题
	下册	数学广角:找次品	数学广角——找次品
六年级	上册	数学广角:鸡兔同笼	数学广角——数与形
	下册	数学广角:抽屉原理	数学广角——鸽巢问题

(二)数学文化在人教版教材中的隐性体现形式

数学文化在人教版教材中的体现,除了以上提到的"你知道吗?""生活中的数学""数学游戏""数学广角"等显性内容外,还有其隐性体现。这些隐性体现形式反映在数学知识内容中,主要是以数学美、数学思维、数学精神等隐藏在数学知识里,通过具体的数学知识来体现。这3个要素贯穿数学教学的始终,是数学文化的精髓,共同推动数学致力于学生的全面发展。

1. 数学美

对美的追求是进行数学创造的重要动力。著名数学家、哲学家罗素认为数学具有至高无上的美,同雕刻的美一样,数学的美是一种冷而严肃的美。这种美没有绘画美或音乐美的那些华丽的装饰,它可以纯净到崇高的地步,能够达到严格的只有最伟大的艺术才能显示的那种完美的境地。他还提出,至善至美的标准是使人能够获得一种精神上的亢奋,是一种真实的喜悦,这种至善至美不仅在诗里有,在数学中也可以感受到。数学是一种书写宇宙的文字,它的美无与伦比,体现在世间万物的各个方面,主要有简洁美、对称美、和谐美和奇异美等。开普勒说:"数学是这个世界之美的原型。"数学美是数学文化的重要组成部分,对美的执着追求也是推动数学不断发展的强大动力。因此,我们在平时的教学中,应着力挖掘数学之美。

(1)简洁美。数学对简洁美的追求从未止步,在数学创造和发展的过程中,数学变得越来越简洁,使数学的美感得以增强。数学的简洁美最主要体现在数学语言表达上,在教材中,数学知识的内容通常都是以简洁明了的语言进行总结和概括的。如数学符号、公式、概念、命题、模型等。比如,在学习数学简便运算时,通过"简便运算三字经",对原本复杂的数学运算定律与性质进行了有效的总结,简单易懂,尽显数学简洁之美。

(2)对称美。对称美是数学之美的一个重要组成部分。在大自然中有许多展现对称美的事物,如枫叶、雪花等,其对称本身就体现了一种和谐、一种美。在小学数学教材中,对称美主要是通过图形表现出来的。对称指的是图形或物体的大小、形状及排列具有一一对应的关系,并且通过一定的方式可以实现完全重合。在小学数学教学中,数学的对称美无处不在,应用也非常广泛,主要表现在几何图形上,如轴对称图形、中心对称图形等。

(3)和谐美。数学美的最高境界就是和谐。和谐追求的是内外统一,拥有完美的结构体系。海森堡认为,美是一部分或另一部分及整体的固有的和谐。在教学中,数学的和谐美体现为各种数学形式在不同层次上互相协调和统一或数学系统的完整性。例如,给每位学生一副七巧板,经过学生的组合、拼摆,形成了一幅幅美丽的图案,展现了图形的和谐统一。再如,两个完全一样的三角形可以拼成一个平行四边形,一个长方形可以剪开拼成一个三角形,等等。这些都能使数学的和谐美得到体现,能够使学生感受到数学的和谐与魅力。

(4)奇异美。数学的奇异美指的是数学常常会让人体验到奇妙、惊奇,经历从迷惑到豁然开朗的过程,感受到数学的特殊魅力。在学习相关知识时,一方面教师可以通过特殊的数学规律、巧妙快捷的运算方法等引导学生感受数学的奇异美,同时也可以使学生掌握这些数学方法,提高解决数学问题的能力。例如,在小学数学教材中出现的哥尼斯堡的七座桥的问题,谁能说对这一问题的解决里没有蕴藏数学的奇异美?

2. 数学思维

数学思维指的是从数学的角度出发,对问题进行思考,并在解决问题时能够学会运用数学的一些方法,比如转化与化归、演绎与归纳等。数学思维强调的是人的一种能力,对人们分析问题和解决问题起着重要作用。因此,在数学课堂教学的过程中,教师应通过引导学生感受数学思维的抽象性和逻辑性,使学生学会运用数学思维方法建构数学模型,进而分析和解决问题。在这一过程中,不仅可以提高学生的数学意识,还可以培养学生的理性精神和严谨思维。学生在完成学业离开学校之后,那些在学校所学习到的数学知识随着时间的流逝会被逐渐遗忘,留存在学生脑海中的更多是数学思维,这些数学思维是学生在未来进行数学思考的重要支撑,是整个数学文化的灵魂。数学思维主要以数学知识为载体,传授数学知识的过程更应是引导学生进行数学思考的过程。这就要求数学教师在教学时要精心设计教学活动,在使学生经历数学知识产生过程的同时受到思维的训练,逐渐培养学生的严谨思维和个性品质。只有这样,数学文化才可以实现有效的渗透,从而促进学生数学核心素养的培育和养成。

具体到小学数学内容的学习上,人教版小学数学教材为了更大力度地渗透数学思想方法,在内容的编排上更加强调数学思维的训练。一方面,在不同的数学知识领域,结合具体的知识加强思想方法的渗透;另一方面,为了更加系统地训练学生的思维,从一年级下册开始,根据学生的思维水平和认知特点,结合教学内容,在每本教材中都增设"数学广角"单元,开始以专门单元的形式进行数学思维的训练,为学生提供一些简单明了的问题及解决这些问题的过程与方法,利用操作、直观等手段渗透重要的数学思想方法。"数学广角"的教学内容选材丰富,既有经典的数学命题,又有现实生活问题,对学生而言,既具有挑战性,又充满趣味性。通过独立思考及小组合作讨论等方式,引导学生对这些问题进行观察实验、猜测推理、验证交流,在这个过程中既可以使学生感受数学思想的魅力,使数学思维得到训练,也可以积累一些基本的生活经验,激发学生进行问题探究的欲望,并培养学生解决问题的能力和思维能力。

3. 数学精神

数学精神作为数学文化的宝贵财富,主要是文化的精神层面的体现,使数学文化具有了更加深刻的内涵。数学精神泛指人们在数学实践活动中所形成的思维方式、价值趋向、行为规范等心理特征。其内涵十分丰富,既包括求真、至善、达美的精神,还包括批判创新、团结协作及严密谨慎等精神。其中,数学理性精神是其核心。在《西方文化中的数学》一书中,M.克莱因认为数学是现代文明的有机组成部分,是一种理性精神。数学所蕴含的这种理性精神对人类的思维具有激发和促进的作用,促使思维能够得到最大限度的锻炼。在教学中,教师可以充分挖掘并有意识地渗透进课堂,使学生不迷信权威,养成科学的求真务实的精神品质,使其成为具有独立人格的人。教师可设计挑战性问题使学生养成缜密、有条理、有根据思考问题的习惯,养成理智地思考问题,遇到问题不冲动、不盲从,学会三思而后行的思维品质。

具体到小学数学内容的学习上,数学精神主要体现在严谨细心的做题习惯上、遵循数学规则的态度上,更体现在学习数学家勇于探索、不怕失败的精神品质上。以《数学六年级上册》为例,教材中有这样一段阅读资料:"约 1500 年前,中国有一位伟大的数学家和天文学家祖冲之,他计算出圆周率应在 3.141 592 6 和 3.141 592 7 之间,成为世界上第一个把圆周率的值精确到 7 位小数的人。祖冲之比国外数学家至少要早 1000 年得出这样精确度的近似数值。现在人们用计算机算出的圆周率,小数点后面已经达到上亿位。"这一史料的呈现不仅使学生了解到圆周率的发展历史,其中蕴含的人类永不止步的探索精神和不断超越的人性光辉,对于学生精神生命的成长无疑是一笔宝贵的资源。

总之,在小学数学教材中,无论是以"你知道吗?"等为代表的显性体现形式专题栏目,还是渗透教学各个内容中的数学美、数学思维、数学精神等,都反映了对数学文化的关注。通过数学文化的渗透能够使学生对数学有新的认识,在潜移默化中感受数学成就的精彩与数学家的探索精神。在数学文化学习中学生可以看到数学曲折漫长的历程,进而感悟数学家身上坚持不懈追求真理的可贵精神与品质,于无声处感染学生,促进其形成良好的品德和学习动机。

(三)人教版教材中数学文化渗透点梳理

根据《义务教育数学课程标准(2011 年版)》提出的"数学文化作为教材的组成部分,应渗透在整套教材中"的要求,践行"人人都能获得良好的数学教育,不同的人在数学上得到不同的发展"的课程理念,让农村小学生从小受到文化的感染、思想的启迪、精神的熏陶,激发学生学习数学的兴趣。为了让农村小学教师更好地用好数学教材,也为课题组编写一套适合于农村小学的课外读物——"农村小学数学文化读本"打下基础,课题组对人教版1~6年级数学教材进行了数学文化渗透点梳理,现将知识渗透点以表格的形式呈现,以供参考,具体见表2-2。

表2-2 人教版小学数学教材数学文化渗透点

总序号	册别	分册序号	所在页码	教学内容	渗透内容	呈现形式	渗透目的
1		1	60	6~10的认识和加减法	我国古代用算筹表示数	你知道吗?	了解古代用算筹表示数的知识,拓宽学生知识面。
2	一年级上册	2	72	6~10的认识和加减法	古埃及使用象形数字	你知道吗?	展示古埃及的象形数字,向学生介绍数学文化。
3		3	82~83	数学乐园	"下棋"游戏	综合实践——主题活动	培养学生应用意识、合作和交流能力。
4		4	85	认识钟表	我国古代的计时工具(日晷、铜漏壶)	你知道吗?	让学生在了解计时工具的同时感受古代人的聪明才智。
5	一年级下册	1	4	认识图形(二)	七巧板是我国古代的一种拼板玩具	你知道吗?	使学生了解祖国的数学文化,感受七巧板的神奇魅力。
6		2	56	认识人民币	商品标签上的价格	你知道吗?	加强数学与生活的联系,让学生感受到数学的价值。
7		3	60	认识人民币	我国的货币历史悠久,种类丰富	你知道吗?	了解我国货币的历史,拓宽学生的文化视野,加深学生的民族自豪感。
8		4	85~91	找规律	发现规律、描述和表示规律及简单地应用规律		使学生感受规律在生活中的广泛应用,初步培养学生欣赏数学规律美的意识。

续表

总序号	册别	分册序号	所在页码	教学内容	渗透内容	呈现形式	渗透目的
9	二年级上册	1	2	长度单位	古人用度量巨石宽度、用拃量课桌长度的情境	情境图	知道测量长度必须要有（统一的）长度单位，增强学生的标准意识。
10		2	6	长度单位	常见的测量长度的工具	你知道吗？	丰富学生对测量工具的认识，拓宽学生的知识面。
11		3	51	表内乘法（一）	乘号的由来	你知道吗？	了解乘号的由来，拓宽学生视野，激发学习兴趣。
12		4	83	表内乘法（二）	用双手表示9的乘法口诀	数学游戏	介绍用手指直观、方便地记忆9的乘法口诀的方法。
13		5	86	表内乘法（二）	乘法口诀的数学史	你知道吗？	使学生认识到我国的数学文化，激发学生的民族自豪感及学好数学的信心。
14		6	88～89	量一量，比一比	量一量，比一比	主题活动	感受数学与生活的联系，培养学生解决实际问题的能力。
15		7	97～99	数学广角——搭配（一）	搭配	数学广角	在应用中感受排列与组合的思想方法，初步感受数学与生活的联系。
16	二年级下册	1	17	表内除法（一）	除号的由来	你知道吗？	旨在让学生体会除号的含义，向学生介绍数学文化。
17		2	31	图形的运动（一）	我国民间的剪纸艺术	生活中的数学	让学生在欣赏剪纸作品的过程中，体会到艺术美、数学美，培养学生的审美意识。

续表

总序号	册别	分册序号	所在页码	教学内容	渗透内容	呈现形式	渗透目的
18	二年级下册	3	72~73	小小设计师	观察生活中的图案；贴出自己喜欢的图案	综合实践——主题活动	经历图案设计的过程，积累用图形运动设计图案的经验，体验设计的乐趣。
19		4	78	万以内数的认识	从石子记数到算盘记数	你知道吗？	介绍背景知识，了解相关数学发展史，促进学生的理解。
20		5	103	克和千克	生活中常用到的其他秤和质量单位"斤""两"	你知道吗？	拓宽学生的视野，感受数学与实际生活的联系。
21		6	108	克和千克	最小和最大的鸟	你知道吗？	拓宽学生的知识面，激发学生的学习兴趣，加强学科之间的联系。
22		7	109~112	数学广角——推理	推理	数学广角	在探索中感受推理的作用，让学生能有条理地阐述自己的推理过程，提高数学表达能力。
23	三年级上册	1	3	时、分、秒	计量秒的工具（电子表、秒表）	情境图	让学生明确电子表、秒表的用途，拓宽学生视野。
24		2	30	测量	生活中的一些量的长度	生活中的数学	让学生感受到数学和生活的密切联系。
25		3	99	分数的初步认识	分数的数学史	你知道吗？	拓宽学生的知识面，让学生感受数学文化，增加学习的趣味性。
26		4	104~107	数学广角——集合	集合	数学广角	学会借助维恩图，感受集合思想及数学与生活之间的相互联系。
27		5	110	总复习	分数墙	习题	拓宽学生的知识面，为学生进一步探索分数的知识提供研究材料。

续表

总序号	册别	分册序号	所在页码	教学内容	渗透内容	呈现形式	渗透目的
28		1	6	位置与方向（一）	指南针	你知道吗？	对学生进行爱国主义教育，增强学生的民族自豪感。
29		2	8	位置与方向（一）	方位在生活中的应用	生活中的数学	感受数学与日常生活的密切联系，培养学生的应用意识。
30		3	78	年、月、日	二十四节气歌	你知道吗？	既能拓宽学生的视野，又能对学生进行中华传统文化教育。
31		4	79	年、月、日	平年、闰年产生的原因	你知道吗？	拓宽学生的视野，激发学生的兴趣。
32	三年级下册	5	87	年、月、日	一日的科学含义	你知道吗？	介绍"一日"的科学含义，拓宽学生的知识面。
33		6	88	年、月、日	时区的知识	你知道吗？	介绍时区的知识，拓宽学生的视野。
34		7	90	年、月、日	制作活动日历	综合实践——主题活动	让学生学会条理地思考问题，培养学生应用意识。
35		8	99	小数的初步认识	小数的发展历史	你知道吗？	介绍小数的发展历史，增强学生的民族自豪感。
36		9	101 ~ 105	数学广角——搭配（二）	搭配	数学广角	经历数学化的过程，感受符号化思想。
37		10	106 ~ 107	我们的校园	我们的校园	主题活动	感受数学与生活的联系，活动中获得成就感，享受解决问题的喜悦。

续表

总序号	册别	分册序号	所在页码	教学内容	渗透内容	呈现形式	渗透目的
38	四年级上册	1	4	大数的认识	1亿有多大	你知道吗？	培养学生的想象能力与空间观念，激发学生的探究欲。
39		2	6	大数的认识	三位一分节法	你知道吗？	丰富学生记数法的知识，培养学生的数据分析观念。
40		3	17	大数的认识	阿拉伯数字的由来	你知道吗？	了解阿拉伯数字发展史，感受数学文化的内涵与魅力。
41		4	21	大数的认识	算筹记数的方法	你知道吗？	介绍我国古代用算筹记数的方法，让学生体会位值制，感受我国古代的数学成就。
42		5	23	大数的认识	计算工具的认识	情境图	介绍计算工具的发展历程和现状，拓宽学生的知识面。
43		6	24	大数的认识	算盘	情境图	了解算盘在生活中的应用，感受我国古代人民的智慧。
44		7	25	大数的认识	计算器	情境图	了解计算器在日常生活中的广泛运用，激发学生的兴趣。
45		8	27	大数的认识	计算器上存储运算键的功能及操作方法	你知道吗？	在应用中了解计算器的功能及操作方法，帮助积累使用计算器的经验。
46		9	33	1亿有多大	1亿有多大	综合实践——主题活动	在实践中领悟"由局部推算出整体"的思维，增强探索数学的兴趣和意识。
47		10	35	公顷和平方千米	市制土地面积单位"亩"	你知道吗？	了解我国市制土地面积单位"亩"，拓宽学生的知识面。

续表

总序号	册别	分册序号	所在页码	教学内容	渗透内容	呈现形式	渗透目的
48	四年级上册	11	48	三位数乘两位数	"格子乘法"	你知道吗？	了解"格子乘法"的原理，感受古代人民的智慧。
49		12	72	神奇的莫比乌斯带	神奇的莫比乌斯带	数学游戏	拓宽学生的视野，激发学生强烈的好奇心，培养学生大胆猜测、勇于探究的精神。
50		13	106~110	数学广角——优化	优化	数学广角	体会运筹学在解决实际问题中的作用，体验解决问题策略的多样性，感悟优化的数学思想，增强学生的应用意识和实践能力。
51		14	110	数学广角——优化	报数游戏	数学游戏	强化优化思想的应用，培养学生的综合运用能力。
52	四年级下册	1	9	四则运算	关于括号的数学史	你知道吗？	了解括号的数学史，丰富学生对数学发展的认识。
53		2	33	小数的意义和性质	小数的发展历史	你知道吗？	丰富学生对数学的认识，增强学生的民族自豪感。
54		3	85	图形的运动（二）	世界著名建筑物中的对称	生活中的数学	通过生活中的对称现象感受数学的美，体会数学的价值。
55		4	102~103	营养午餐	营养午餐	综合实践——主题活动	综合运用排列、组合、统计等知识解决生活中的问题，感受数学的生活性、实用性。
56		5	104~105	数学广角——鸡兔同笼	鸡兔同笼	数学广角	感受古代数学问题的趣味性，体会策略的多样化，感受古人智慧。

续表

总序号	册别	分册序号	所在页码	教学内容	渗透内容	呈现形式	渗透目的
57	五年级上册	1	23	位置	围棋运动、地球上的经度和纬度	生活中的数学	感受数学与生活的联系，体会数学学习的价值和乐趣。
58		2	38	小数除法	什么是"数字黑洞"	你知道吗？	在数字游戏中激发学生学习数学的兴趣。
59		3	49	可能性	生活中的可能性事件	生活中的数学	丰富学生对可能性的认识，感受数学与生活的联系。
60		4	50~51	掷一掷	掷一掷	综合实践——主题活动	综合运用知识来解决可能性问题，培养学生提出、分析和解决问题的能力。
61		5	63	简易方程	方程解决实际问题的史料	你知道吗？	了解方程的发展史，增强学生的民族自豪感。
62		6	72	简易方程	猜数游戏	数学游戏	通过游戏活动发展学生的符号意识，激发兴趣。
63		7	92	多边形的面积	《九章算术》中的"方田章"论述的平面图形面积的算法	你知道吗？	了解我国《九章算术》中"方田章"论述的长方形、三角形的面积计算方法，展现我国古代的数学成就。
64		8	96	多边形的面积	刘徽利用出入相补原理来计算平面图形的面积	你知道吗？	了解刘徽"出入相补"原理，丰富学生对数学的认识，增强学生的民族自豪感和文化自信心。
65		9	106~111	数学广角——植树问题	植树问题	数学广角	让学生在探索过程中体会植树问题的模型思想，培养学生的问题解决能力。

续表

总序号	册别	分册序号	所在页码	教学内容	渗透内容	呈现形式	渗透目的
66	五年级下册	1	8	因数与倍数	完全数	你知道吗?	了解完全数,丰富学生的数论知识,激发学生的探索兴趣。
67		2	13	因数与倍数	偶数、奇数在日常生活中常见的两种应用	生活中的数学	了解偶数、奇数在日常生活中的应用,培养应用意识。
68		3	13	因数与倍数	2、5、3 的倍数的特征的算理	你知道吗?	了解2、5、3 的倍数的特征的算理,培养学生善于动脑、寻根究底的探究精神。
69		4	17	因数与倍数	哥德巴赫猜想	你知道吗?	了解"哥德巴赫猜想",拓宽学生知识面,激发学生学习数学的兴趣。
70		5	22	长方体和正方体	几何学和欧几里得	你知道吗?	了解几何学的发展史,激发学生对数学的兴趣。
71		6	31	长方体和正方体	机场行李托运的规格和要求	生活中的数学	让学生感受长方体体积在生活中的应用,激发学生的数学学习兴趣。
72		7	35	长方体和正方体	《九章算术》中立体图形体积计算公式	你知道吗?	了解我国古代数学研究成就,增强学生的民族自豪感。
73		8	44	探索图形	探索图形	综合实践——主题活动	经历思考和解决问题的过程,培养学生空间想象能力,体会化繁为简的思想。
74		9	45	分数的意义和性质	古人度量物体长度遇到的困惑	主题图	通过实践,培养学生应用数学的能力。
75		10	67	分数的意义和性质	《九章算术》中的约分术	你知道吗?	了解《九章算术》中的约分术,增强学生的民族自豪感。

续表

总序号	册别	分册序号	所在页码	教学内容	渗透内容	呈现形式	渗透目的
76	五年级下册	11	72	分数的意义和性质	生活、科研中的分数应用实例	生活中的数学	了解分数在日常生活中的应用,培养学生的数学应用意识。
77		12	79	分数的意义和性质	最简分数能否化成有限小数的规律	你知道吗?	探索分数与小数的转化规律,激发学生的学习兴趣。
78		13	86	图形的运动(三)	数学与艺术	你知道吗?	了解图形的密铺(镶嵌)现象,感受数学美及应用。
79		14	102~103	打电话	打电话	综合实践——主题活动	体会数形结合、推理、优化、模型等数学思想,感受数学与生活的密切联系及应用。
80		15	111~114	数学广角——找次品	找次品	数学广角	感受解决问题策略的多样性,培养观察、分析、推理的能力及应用意识。
81	六年级上册	1	15	分数乘法	"一尺之棰,日取其半,万世不竭"的意思	你知道吗?	感受极限思想及古人的智慧,激发学生学习数学的兴趣。
82		2	45	分数除法	分数与五线谱的音符	你知道吗?	感受数学与生活、学科间的融合,培育学生用数学眼光观察世界的意识。
83		3	51	比	黄金比	你知道吗?	了解生活中的黄金比,感受数学与现实生活的紧密联系,体会数学的价值和美感。

续表

总序号	册别	分册序号	所在页码	教学内容	渗透内容	呈现形式	渗透目的
84		4	63	圆	圆周率的历史	你知道吗?	了解圆周率的历史,感受古人的智慧与成就,帮助学生树立正确的数学观。
85		5	68	圆	割圆术	你知道吗?	了解割圆术,感受深邃的数学思想,激发学生学习数学的兴趣。
86		6	70	圆	生活中常见的圆形的平面轮廓	生活中的数学	感受数学与生活的联系,激发学生探究数学的兴趣。
87	六年级上册	7	80~81	确定起跑线	确定起跑线	综合实践——主题活动	在实际问题解决中,感受数学在生活中的广泛应用。
88		8	83	百分数(一)	恩格尔系数	你知道吗?	了解恩格尔系数及百分数在生活中的广泛应用。
89		9	105~106	节约用水	节约用水	综合实践——主题活动	在活动中培养学生"用数据说话"的意识与环保意识。
90		10	107~111	数学广角——数与形	数与形	数学广角	在探究活动中,感受数形结合、归纳推理、极限等基本数学思想。
91	六年级下册	1	4	负数	负数产生与发展的历史	你知道吗?	了解负数产生、发展的历史,感受我国古代在负数方面的卓越贡献,激发学生的民族自豪感。
92		2	16	生活与百分数	生活与百分数	综合实践——主题活动	了解百分数在生活中的运用,提高学生的数学应用意识和实践能力。

续表

总序号	册别	分册序号	所在页码	教学内容	渗透内容	呈现形式	渗透目的
93	六年级下册	3	16	生活与百分数	千分数和万分数的含义和应用实例	你知道吗？	了解千分数和万分数的含义和应用,进一步拓宽学生的视野。
94		4	30	圆柱与圆锥	圆柱容球	你知道吗？	拓宽学生的知识面,激发学生学习立方体图形的兴趣和探究欲望。
95		5	34	圆柱与圆锥	生活中的圆锥	生活中的数学	了解圆锥在生活中的运用,激发学生的学习兴趣,拓宽学生的知识面。
96		6	39	圆柱与圆锥	剪纸钻洞游戏	数学游戏	通过趣味活动,培养学生的创新能力,激发学生的兴趣。
97		7	48	比例	反比例关系图象	你知道吗？	感受点与数对的一一对应关系,体会函数思想方法。
98		8	59	比例	图形的放大与缩小	你知道吗？	了解计算机上图片的放大或缩小的方法,激发学生兴趣,感受数学的广泛应用。
99		9	67	自行车里的数学	自行车里的数学	综合实践——主题活动	在解决实际问题中获得解决实际问题的一般方法,体会数学与生活的广泛联系。
100		10	68	数学广角——鸽巢问题	鸽巢问题	数学广角	增强学生对逻辑推理、模型思想的体验,提高学习数学的兴趣和应用意识。
101		11	70	数学广角——鸽巢问题	抽屉原理	你知道吗？	了解抽屉原理,提高学生的数学思维能力。

续表

总序号	册别	分册序号	所在页码	教学内容	渗透内容	呈现形式	渗透目的
102	六年级下册	12	100~104	整理和复习	数学思考	习题	在过程中提升学生的逻辑推理和解决问题的能力,感受数学的内在魅力,激发学生学习数学的兴趣。
103		13	104	整理和复习	七桥问题	你知道吗?	了解著名的哥尼斯堡七桥问题,拓宽学生思维,感受数学的简洁美、抽象美。
104		14	105	整理和复习	绿色出行、同比与环比	综合实践——主题活动	了解同比和环比的概念,感受百分数在现实生活中的广泛运用,增强学生的环保观念。

二、"农村小学数学文化读本丛书"编制的依据与原则

通过对人教版小学数学教材的研究发现,教材中已经编写了部分数学文化,对学生更为全面地了解数学、增强学生学习数学的兴趣等方面具有重要的作用,同时也存在一些问题。由于教材篇幅的限制,难以系统地呈现数学文化;其次,因地域的不同,同一教材不能适应全部的学生。国家课程校本化是为学生创造合适教育方式的重要途径。所以,应该单独创编农村小学数学文化读本,丰富农村小学数学教学资源,为农村学生提供合适的教育。

(一)"农村小学数学文化读本丛书"内容创编的依据

1.《义务教育数学课程标准(2011年版)》的要求

课程标准是教材编写、教学、评估和考试命题的依据,是国家管理和评价课程

的基础。《义务教育数学课程标准(2011年版)》多次指出要重视数学文化,数学文化作为一种特色的资源,向学生打开了一扇了解数学的新窗口,目的在于开阔学生的眼界,帮助他们更加全面地理解数学的内涵、价值、意义,增强学生学习数学的兴趣,让他们能够更好地研究数学,用数学解决更多的问题。因此,在农村小学数学教学中创编数学文化校本教材符合课程标准的要求。

2. 小学生数学学习的认知及心理特点

由皮亚杰的儿童认知发展阶段理论可知,小学生具备一定的文字理解和表达能力,以学生感兴趣的图片、表格、文字等呈现方式将数学文化作为一种课程易被小学生接受。上小学之前的幼儿玩过各种形状的积木,折过纸工,比过物体大小、长短、厚薄、轻重、宽窄和多少等,获得了有关数量和几何形体的最初概念,这些非正规的、不系统的、模糊的甚至错误的经验都为他们上学后学习数学奠定了基础。小学生学习数学是以自身经验为基础的一种自我认识过程,数学对小学生来说是自己对生活中的数学现象的"解读"。将数学文化课程内容与小学生原有的生活经验密切联系起来,使他们感到数学就在身边,他们学起来就会倍感亲切、生动、真实,也容易产生兴趣。小学生的数学思维是逐步发展的,低年级学生更多的是具体形象思维。随着年龄的增长、知识的积累,到了中年级,小学生的具体形象思维逐步减少,而抽象逻辑思维逐步加大。即便这样,到了五六年级,小学生仍然不能像成人那样完全依托抽象的数学概念进行思维,往往要以具体的表象作为认识的支柱,这就要求课程内容的开发要多以实物来触动学生的感官。可见,在农村小学数学教学中创编数学文化校本教材是符合小学生的学习认知规律的。

3. 有关数学文化的理论研究成果

回顾和梳理近20年与数学文化相关的研究发现,我国在数学文化研究方面已经取得了较为丰硕的成果,大致有3类。第一类是各版本小学数学教材中"数学文化"栏目的成果。这些内容体现为当前对数学文化走进小学数学课堂的方式和途径的研究,无论题材的选取还是呈现方式,都为农村小学数学文化校本教材编制奠定了扎实的基础。第二类是已开发的数学文化课程。较有影响的是西南大学宋乃庆教授牵头编写的两套彩色连环画数学文化系列丛书——"小学数学文化丛书"和"数学文化读本",对本课题在数学文化内容的选择、数学课程内容的呈现和教学方式的选择等方面具有重要的参考价值。第三类是相关学者对数学文化研究的理论成果。如南京大学郑毓信教授的《数学文化学》、数学家齐民友的《数学与文化》、华东师范大学张奠宙教授对数学文化的解读等,这些数学文化的理论成果为编制农村小学数学文化校本教材提供了理论指导。

（二）"农村小学数学文化读本丛书"内容的选择原则

1.目标性原则

数学文化读本的目标是要提高学生的数学素养,培养学生学习数学的兴趣,更为有效地推进素质教育。在数学文化中"文"是素材,"化"是过程,而"素养的提升"则是最终的目的。因此,数学文化读本应着力将目标定位由知识、能力本位向思维的发展和学科品质的养成方面转变。首先,数学文化读本要着眼于学生数学核心素养的培养。其次,内容编写要关注小学阶段学生的思维发展,考虑学生"具体形象的思维"与"抽象概念的数学知识习得"之间的关系,关注过程性目标的设定。最后,要考虑到学生非认知技能的培养,如合作能力、数学情感、数学品格等。

2.趣味性原则

数学文化读本要把"数学有趣,数学有用,数学不难"的理念贯穿始终,设计出有趣味性的数学读本,选择学生感兴趣的数学内容,有效地帮助学生提高数学学习的积极性。在素材的编排上选用具有趣味性的情境导入,将奇妙的数学现象、数学典故、数学家的奇闻轶事以生动活泼的语言进行呈现。游戏是儿童最好的学习方式和途径,根据知识点设计游戏,能让学生在潜移默化中掌握知识与技能,在轻松愉悦中受到数学文化的熏陶。

3.科学性原则

科学性是对教材编写的基本要求。教材一方面要符合数学的学科特征,另一方面要符合学生的认知规律和心理特点。教材中学习素材的选择,图片、情境、实例等的设置,拓展内容的编写,都应当与所安排的教学内容有实质性联系,以帮助学生理解数学实质,提高学生对所学内容的兴趣。

如依据人教版《数学一年级下册》中《分类与整理》这一教学内容,我们有了以下思考:分类思想是一种基本的数学思想。它是依据一定的标准,对事物进行有序划分和组织的过程。分类思想有着重要的作用,既是学生学习数学的知识基础,又是发展儿童思维能力的重要途径。教材中例 1 主要是让学生理解分类的含义,掌握分类计数的方法,并会表达分类计数的结果;例 2 主要是让学生学会自主分类,并会用简单的统计表呈现分类计数的结果,这种能力对学生来说是非常重要的,因为这是一切统计的起点。

基于以上思考,课题组在《数学文化读本一年级》中设计了"我是环保小卫士"这一数学活动。还引导提出"垃圾为什么要分类呢?怎样分类?""保护环境我们还能做什么?""生活中的垃圾该怎么办?"等问题,为学生的探索留出了空间,尊重学生的个性发展。同时,开展环保小卫士实践活动,可以激发孩子的潜能,渗透环保意识。

4. 实用性原则

数学来源于生活,又服务于生活。为了让学生感受到数学就在身边,数学是有用的,结合农村实际,我们在《数学文化读本二年级》设计了"赶场"这一主题活动,通过学生熟悉的生活场景,让学生实实在在地体验数学就在身边,学好数学是为了更好地为生活服务。

5. 过程性原则

校本教材不是单纯地介绍知识,学生学习也不是单纯地模仿、练习和记忆。教材应选用合适的学习素材,介绍知识的背景;设计必要的学习活动,让学生通过观察、猜测、实验、推理、交流、反思等,感悟知识的形成过程和应用。恰当地让学生经历这样的过程,对于学生理解数学知识与方法、形成良好的数学思维习惯、增强数学应用意识、提高用数学思维解决问题的能力有着重要的作用。

如在《数学文化读本三年级》中设计了"分数的产生"这一数学趣谈,让学生知道分数起源于"分"。在原始社会,人们集体劳动要平均分配果实和猎物,后逐渐有了"分"的概念。以后在土木建筑、水利工程等测量过程中,当得不到一个整数的结果时,便产生了分数。我国的《九章算术》是世界上最早系统叙述分数的著作,它所记载的分数运算方法和现在所用的方法是基本一致的。像这样系统的叙述,印度在 7 世纪才出现,而欧洲则在 15 世纪以后才逐渐形成现在的分数的算法,足见我国古人伟大的数学智慧。了解分数"走过"的历程,能够激发学生的爱国主义情怀和民族自豪感。

6. 可读性原则

教材应具备可读性,才易于为学生接受,激发学生学习兴趣,为学生提供思考的空间。教材可读与否,对不同学段的学生具有不同的标准。因此,教材内容的呈现应当在准确表达数学含义的前提下,符合学生年龄特征,从而有助于他们理解数学。对于第一学段的学生,可以采用图片、游戏、卡通形象、表格、文字等多种方式,直观形象、图文并茂、生动有趣地呈现素材,提高他们的学习兴趣。对于第二学段的学生,由于他们具备了一定的文字理解和表达能力,可增加学生感兴趣的图片、表格、文字等。

三、"农村小学数学文化读本丛书"编写特色

(一)内容简介

"农村小学数学文化读本丛书"是数学科普类读物。该套丛书适用于小学 1 ~ 6 年级,每个年级 1 册(共 6 册),每册 16 个故事,涉及地理、健康、艺术、天文、自然、科学等多个学科丰富的数学文化知识,充分发掘数学知识、数学思想方法及数学精神等。"农村小学数学文化读本丛书"与人教版 1 ~ 6 年级数学教材学习进度相适应,并以连环画形式呈现故事,图文并茂,生动有趣,深入浅出,能够让学生产生阅读兴趣,培养学生的数学核心素养。

开发"农村小学数学文化读本丛书"的主要目的是增强农村小学数学学习的趣味性、文化性、价值性,让数学从"冰冷的美丽"变为"火热的思考"。教师在教学后可把"农村小学数学文化读本丛书"中的数学文化素材作为课堂教学的补充;也可在常规教学中插入适合的数学文化内容,作为数学教学支撑;还可以选作学生阅读材料、数学课外活动材料;等等。由于各个学校班级的差异,在使用时应根据实际情况进行适当调整。我们希望这套"农村小学数学文化读本丛书"能够最大限度地帮助农村小学一线教师进行数学文化渗透,能在实践中充分发挥数学文化的育人功能,更好地推进素质教育。

(二)编写特点

本套"农村小学数学文化读本丛书"是以农村小学生为对象,注重挖掘农村地区数学文化素材与情境,以人教版小学数学教材为主,并整合其他版本教材创编的。主要有以下编写特点:

1.注重数学史料的挖掘

数学文化作为人类文化的重要组成部分,蕴藏着数学家们严谨的治学态度、良

好的品格修养和顽强进取的品质,有着独特的育人价值。"农村小学数学文化读本丛书"通过设置"数学趣谈"栏目,链接数学人物、典故、历史中的数学精神,为学生提供丰富多彩的学习资源,使学生触到数学的源头、数学的精神、数学的力量,受到良好的文化启蒙和洗礼。

2. 注重数学知识的广泛运用

"农村小学数学文化读本丛书"通过设置"生活中的数学"栏目,建立数学与生活的联系,为学生综合运用本年级的数学知识解决现实生活中的问题提供机会与平台,使学生感受到数学的价值,培养学生的数学应用意识。

3. 注重创设农村学生生活情境

兴趣是最好的老师,有趣、好玩是儿童的情感需求。"农村小学数学文化读本丛书"突出农村学生生活情境创设,激发学生的兴趣。通过设置"数学活动""数学游戏"栏目,把数学知识、数学思想方法、数学思维方式等核心素养融入活动与游戏,以农村学生生活为源泉、以思维为核心、以情感为纽带,依托课堂释放凝结在具体知识背后的数学精神因子,将"冰冷的美丽"化为"火热的思考",引发学生主动思考、积极思考、深入思考,增强了数学的趣味性。

4. 彰显学习方式的多样化

每个数学文化素材都注重体现阅读性、操作性、探索性、思考性,尽可能将数学文化素材设计得多样化,让学生通过阅读数学文化掌握数学知识的文化背景,在动手操作和实践探索中得到数学发现的体验,在合作交流中提升数学交流的自信心和能力。

5. 注重审美意识的培养

数学的美内涵丰富,有数学图形的简洁美、数学公式的简约美、数学符号的对称美、数学规律的严谨美、数学表现的构图美、数学思想的深刻美等,对人有着激励、召唤、熏陶、点化的积极意义。"农村小学数学文化读本丛书"通过设置"数学欣赏"栏目,为学生提供美的资源,主动为学生创造数学美,展现数学美,让学生乐意置身其中去发现和感悟数学美,震撼于数学内部的和谐,受到美的熏陶,在潜移默化中形成初步的审美意识。

（三）"农村小学数学文化读本丛书"教学建议

1. 根据内容选择合适的渗透方式

选择合适的数学文化内容是上好数学文化课的关键。通常有以下5种情况：

（1）在单元教学后使用，可选择整块故事内容。譬如在教学《分数的初步认识》（《数学三年级上册》）时，可以将"农村小学数学文化读本丛书"中《分数的产生》作为教学内容的首选。

（2）在教学过程中使用，可以把数学文化内容作为课程教学资源插入其中。在课前选择部分故事内容，选择适当的时间，让学生来阅读或教师进行简介。例如在讲《圆的认识》（《数学六年级上册》）这一内容时，教师可以选择"农村小学数学文化读本丛书"中《美丽的圆》，以欣赏的形式进行介绍，培养学生的审美意识。

（3）作为课外活动的材料，拓宽学生数学知识视野。为了尽量配合教学，数学文化内容可以是数学史料、数学游戏、操作活动等。比如教学《亿以上数的认识》（《数学四年级上册》）后，可以选择"农村小学数学文化读本丛书"中《算筹》作为数学文化的教学内容。

（4）作为家庭教育素材，让学生感受数学与生活的联系。学生或家长可选择同年级读本中的实践活动素材，共同走进生活，感受生活中的数学，学以致用。例如，"农村小学数学文化读本丛书"中的《赶场》与《乡村旅游计划》。

（5）作为学生自主阅读的材料，激发学生学习数学的兴趣。有一些内容与数学内容联系紧密、文字又相对较多的故事，能够引发学生的兴趣，可选作阅读材料。例如，"农村小学数学文化读本丛书"中的《神奇的报数游戏》《掷骰子游戏大揭秘》等。

2. 在使用"农村小学数学文化读本丛书"时应注意的问题

教师在使用"农村小学数学文化读本丛书"进行教学时应注意以下问题：

（1）学习方式要多样化。"农村小学数学文化读本丛书"在内容设计上以自主阅读、自主思考、自主探索为主，在教学中虽然需要教师引导学习活动的开展，但大多数内容不需要教师讲授。

（2）要灵活使用。"农村小学数学文化读本丛书"素材来源广泛，每个数学文化素材都注重其全面性和结构完整性，教学时可以根据学情和校情，灵活选取其中的素材开展教学，既可以选取一个内容作为独立的数学文化活动组织教学，也可以选取其中的部分内容在数学新课的教学中渗透数学文化。

（3）要突出数学学科核心素养的培育。"农村小学数学文化读本丛书"中的数学文化素材类型较多，体现了数感、符号意识、空间观念、几何直观、运算能力、数据分析观念、逻辑推理、数学建模、应用意识、创新意识等核心素养。因此，教学中应注意培养学生用数学的眼光观察现实生活，用数学的思维方式思考现实生活中的问题，用数学方法解决现实中的问题，从而训练学生的数学思维方式，提升学生数学学科核心素养。

（4）要注重学生情感态度、价值观的引导。教师在教学中要通过数学史料的呈现，让学生认识到数学知识产生和发展的过程，体验到数学家的创造过程，受到数学家科学精神的鼓舞和科学态度的感染，进一步增强学习数学的兴趣；通过引导学生参与数学游戏、数学调查、亲子阅读等活动过程和成果的汇报展示，培养学生在数学探索活动中克服困难的能力，建立学好数学的自信心。

第三节　教学设计

数学文化的价值与目标落实，需要以数学文化与课堂教学结合为载体，最终落实到教学实践中，这就会涉及数学文化的教学设计问题。为了提高数学文化教学的质量和效果，实现教学过程最优化、教学价值最大化，根据数学课程标准和数学文化教材内容的要求，基于小学生的认知规律和数学学习特点，对教学内容、教学目标、教学过程、教与学的方式、教学组织形式等作出系统策划和具体安排。数学文化的教学设计，应以巩固数学知识、提升数学能力、拓宽数学视野、感悟数学思想、培养数学素养为价值取向，以《义务教育数学课程标准（2011 年版）》提出的课程理念和行为主义学习理论、认知主义学习理论、建构主义学习理论等现代学习理论为指导，深入解读数学文化教材，设计具有数学内涵的数学文化教学内容，制订具有知识性与文化性、基础性与发展性、实效性与可操作性的数学文化课程教学目标，设计学生自主探索、合作交流、动手实践与数学文化渗透相结合的教学环节，构建具有数学文化意蕴的课堂。

一、在课堂教学中渗透数学文化的教学过程设计思考

教学过程是指教学进程的构成环节的顺序。数学文化的教学过程具有一般小学数学教学过程的特征,它是一个以学生为主体,以促进学生发展为根本目的,以具体的教学内容(教材)为中介,学生、教师、教学内容、教学方式与手段多边互动的活动过程。同时,数学文化的教学过程又具有明显的特点,它要求不但要让学生经历问题的探索过程,体验知识的形成与发展过程,而且应在这个过程中突出学生对数学思想、数学观念、数学精神的感悟,通过教学过程让学生体验数学与其他学科的联系,认识到数学的作用与价值。数学文化的教学过程设计,一般要做好问题情境、自主探索、分享交流、文化内涵感悟、反思总结等环节的设计。

(一)问题情境的创设

问题情境的创设是指教师根据教学目标要求、教学内容的特点、课堂环境条件及学生的认知水平,采用合适的题材和恰当的手段营造一定的学习氛围,从而激发学生的学习兴趣和探究欲望,并借此引出课题或探究的问题。数学文化教学的问题情境创设应注意以下几个问题:

1.选择真实、有价值的题材

题材是构成数学问题情境、承载数学文化内容的材料,影响着数学文化问题情境的有效性和文化特征表现。一般来讲,选择数学文化的情境题材,应根据内容的特点和儿童的兴趣爱好,注重题材与现实社会生活相联系、与学生的生活经验相联系,注重题材本身能引起学生的兴趣、拓展学生的认知、促进学生对知识的理解。同时,注意突出题材的文化特征,选择一些蕴含有数学文化要素的题材创设情境。

2.将数学问题融于情境中

在创设问题情境时,应注意将问题与题材有机结合,使问题与情境融为一体,能在学生感知问题情境后引起他们对数学的思考,或者通过问题情境打破学生原有的认知平衡,引发认知冲突,激发学生的探索欲望,而且要很自然地引出要探索的问题或学习的主题。

3.注重情境的趣味性和思考性

创设问题情境不但要有趣味性,而且要注重问题的思考性,通过一些新颖、新奇、学生感兴趣而又具有思考性和挑战性的题材,或通过新颖的方式和手段,或通过一些带有挑战性和悬念的情节激发学生探索的兴趣和欲望。

(二)自主探索的设计

自主探索注重学生对数学文化的"习"与数学文化对学生的"熏",是数学文化教学过程的重要环节之一。它是在问题或任务驱动下,借助教师的引导,通过学生独立思考与小组合作,采用观察、操作、实验、猜想、计算、推理、验证等活动,经历数学模型的自主构建、数学规律的自主发现、数学问题的自主解决等过程,让学生在这个过程中习得数学知识,获得认识、思想和情感上的体验,感悟数学的本质,体会蕴含在数学知识形成与应用过程中的数学思想方法,感悟数学精神,受到数学文化的熏陶。设计自主探索环节应注意以下几点:

1.设计合适的探究问题

自主探究问题应具有合适的思维空间。一般来说,探究问题要基于学生的最近发展区,绝大多数学生经过努力能获得探究问题的答案或结果。同时,自主探究问题应有利于学生经历知识的自主探究过程,让学生对问题的产生(发现与提出)、问题的探究(解决)等环节都有经历与体验。这样的问题设计有助于学生自主发现与提出问题。自主探究解决问题,让学生经历分析与解决问题的过程,有助于学生体验数学知识的应用价值,感悟比较优化的数学思想,感悟数学的理性精神。

2.采用多样化的探究方式

探究学习是一种综合性的学习方式,独立思考、合作交流、动手操作等,都是自主探究中可以采用的具体方式。应根据探究问题的特点,引导学生采用多样化的、恰当的方式进行自主探究。这样的教学设计有助于学生了解知识产生的历史背景,学习数学史,拓宽数学视野;有助于学生感悟数学的抽象思想、数形结合思想、转化思想、比较方法、归纳方法。

3.处理好探究过程与结果的关系

学生在经历探究的过程中感受知识的发生、发展过程,感悟在知识发生、发展过程中凝聚的数学思想方法和思维方式,形成数学的观念,培养数学能力和创新意识。同时,应关注必要的探究结果,在探究的基础上让学生抽象、归纳、概括,总结出探究结果,促进学生对问题的理解,感悟抽象的数学思想,认识到结果应从过程的研究中来,经历过程探究得到的结果才是可信的,从而培养学生严谨求实的科学态度。

(三)分享交流的设计

分享交流注重学生对数学文化的悟与化,是在独立思考、自主探究的基础上,让学生在小组内或全班展示交流自己或小组的探究过程、探究方法及探究结果,在思维碰撞中感悟与内化。分享交流是发挥学生主体作用的体现,通过分享交流,让同学之间互相学习,了解同伴对问题的理解,学习他人探究问题的思路与方法,体验解决问题的多样化,并从中受到启发,丰富学生对探究问题的认识,增强学生对问题理解的深度和广度。分享交流时一般应注意以下几个问题:

1. 突出学生的自主展示交流

在展示交流时,一方面应注重突出学生的主体地位和主观能动性,让学生以小组或个人的形式展示交流他们对问题探究的过程、思路、方法和结果。另一方面学生在展示交流时要注意数据的收集,既要让学生通过口头叙述、操作演示等进行展示交流,还应注意抓住学生在展示交流中的重要信息进行必要的板书,以便为归纳概括结论提供材料。

2. 突出教师的引导和促进作用

学生的展示交流过程不一定是很清楚、流畅的,对探究过程中的一些重要信息学生不一定能展示交流出来,有时还会出现其他同学不一定能理解的情况。因此,在学生展示交流的过程中,教师应注意发挥引导和促进作用,当学生的思路卡壳时,教师可以适当地启发、点拨、引导;当学生的表述不清楚或其他同学难以理解时,教师可以通过追问、反问等方式让学生再次清楚表达或促进学生理解。此外,教师对学生的展示交流应给予具有导向性、激励性的评价,或让学生开展相互评价,教师随机适当点评。

3. 突出学生之间的交流质疑

在学生的展示交流过程中,可以引入学生之间的提问、质疑,让学生之间互相争辩,使得问题在争辩中更加明晰,通过争辩促进学生的表达更清楚、理解更深刻。同时,培养学生反思、质疑的习惯和批判精神。

(四)文化内涵感悟的设计

文化内涵感悟注重数学文化对学生的熏陶与感染,是数学文化教学的重要目标,也是构成教学过程的要素与重要环节。一般来说,可以是在自主探究、合作交流乃至看书理解的基础上,让学生通过反思、交流等方式进一步对数学思想、数学价值、数学精神、数学美等数学文化内涵获得进一步感悟,从而使数学的外显性知识向学生内在的数学文化素养转变。具体包括以下内容:

1.感悟数学思想、数学方法和数学思维方式

数学思想、数学方法和数学思维方式都是数学精神层面的内容,是构成数学文化的主要内容,它们往往蕴含在数学知识的发生、发展过程中或数学问题的解决过程中。因此,在学生自主探究过程中,应注意引导学生感悟其蕴含的数学思想、数学方法和数学思维方式,将数学思想内化为学生内在的文化素养。

例如,在"鸡兔同笼"问题的探究后,让学生反思刚才在解决问题时采用了什么方法,从而让学生对假设法、列表法、画图法及古人用的"半足法"等方法进行反思总结,感悟蕴含其中的数学模型思想、数形结合思想、对应思想等,提升学生的数学文化素养。

2.感悟数学家的精神和数学情怀

数学家们对真理的无限追求和刻苦钻研的精神是数学最宝贵的财富,也是人类最宝贵的财富。在数学发展史中,许多数学家在他们的研究过程中表现出独立思考、合作交流、刻苦钻研、精益求精、批判质疑、坚持真理等精神,这些精神和数学情怀可以极大地鼓舞学生学习数学,对学生的发展产生长远影响。感悟数学家的精神和数学情怀,一般有如下两种方式:

(1)通过专题课的形式,以学习数学家的有关研究成果(思想、方法等)为线索,让学生在这一过程中感悟数学家的精神与数学情怀。

(2)在常态课内容的教学中,可以结合与该课内容有关的数学家的事迹及他们的研究成果,让学生了解数学家的有关事迹,并从中感悟数学家身上表现出的科学精神和数学情怀,从而拓宽学生的数学视野,激发学习数学的兴趣,让他们萌生为数学、为社会做出贡献的理想。例如,在"鸡兔同笼"问题教学中,在学生了解了古

人的"半足法"后,展示波利亚对古人"半足法"的有趣介绍,让学生就古人的"半足法"谈谈他们的想法。有的学生说:我原以为古人不会用假设法,古人没有现代人聪明,结果古人用了一个比假设法更简便的方法,古人更加聪明。有的学生说:我开始学"鸡兔同笼"时,以为假设法才是最简便的方法,可世界之大,数学文化博大精深,古人用了一种更简便的方法解决了问题。还有的学生说:数学家波利亚真了不起,他用这样形象有趣的方法将古人的"半足法"展示得如此简单明白。

3.感悟数学美

数学中有美,美中有数学。数学家、哲学家罗素曾说过:"数学,如果正确地看它,不但拥有真理,而且也有至高的美,数学美是数学文化内涵。"在数学文化教学中,应注意让学生感受到数学的美,通过观察、欣赏、体验、操作,使学生感受到数学外在的形象美和内在的和谐美、逻辑美、简洁美等。通过了解数学美的文化内涵,激发学生对数学的兴趣,促进学生对数学的理解。

4.感悟数学的应用价值

数学的文化内涵还表现在它对人类社会发展与进步所做出的贡献。为此,数学文化的教学,还应注意揭示数学与现实生活的联系,让学生感悟数学的应用价值。一方面让学生感受在生产和生活中许多数学的数量关系和空间形式问题促进了数学的研究与发展,了解数学概念、数学思想、数学方法产生的实际背景,了解数学进步的历史轨迹,了解数学创新的原动力,从而增强学生的创新意识。另一方面让学生认识到,正是由于数学在现实问题中的应用,解决了人类生产、生活、科学研究、工程技术中的许多实际问题,推动了生产力的发展和人类的进步,从而让学生感受到数学的科学价值和应用价值。

(五)反思总结的设计

反思总结注重学生对数学文化的内化,也是数学文化课堂教学过程中的必要环节。该环节的价值在于教师引导学生对全节课的学习过程、学习内容、学习方法、学习收获等进行回忆、总结,增强学生对全节课学习内容的整体把握,强化学生对学习方法(方式)的清晰认识,促进学生对数学文化内涵的全面感悟,提升学生的数学文化素养;或者链接与该节课学习内容有关的内容让学生课外阅读思考,激发学生进一步学习的愿望。反思总结可以是教师对全节课进行总结,也可以是教师引导学生进行总结。

二、数学文化在小学数学四大领域中渗透的教学设计

(一)数学文化在"图形与几何"领域中的渗透

数学文化作为一种"看不见的文化",是数学精神、数学思想、数学方法、数学思维、数学意识、数学事件等的总和。数学文化渗透必须关注学生获取知识的过程,在追根溯源中把握数学本质,在经历体验中挖掘数学思想,在文化润泽中培育核心素养。然而受功利主义的影响,大部分教师信奉"分数至上",课堂侧重于数学知识的讲授、数学技巧的训练,使得学生的学习过程枯燥乏味,把数学文化理解为简单的告知,忽视数学的本质及数学文化的宝贵价值,这是数学教育的悲哀。于此,笔者立足于培育学生核心素养,开展了小学数学文化渗透的教学实践研究。

弗赖登塔尔曾说:泄露一个可以由学生自己发现的秘密,这是"坏的"教学法,甚至是一种罪恶。当前课堂教学更多是哗众取宠的设计、浮光掠影的学习、风行水上的思考、浅尝辄止的研讨等低层次、浅表性的学习,而没有学生砥砺前行的学习状态,更感受不到学生脑洞大开、灵光进现的兴奋。数学文化渗透不仅仅是介绍外在"附着"的文化因子,更应该注重探寻数学知识背后的思维内核。因此,教学要注重核心问题的创设,引发学生思考;注重探究活动的设计,让学生经历和体验知识形成过程;延长结论呈现的时间,多给学生交流、思想碰撞的机会,驱动学生深度思考,让学生经历数学知识"再创造"过程,发展数学思维素养,从"浅层学习"走向"深度学习",让学生感受成长的快乐、学习的充实、生命的质量。基于以上教学思考,笔者在小学数学文化渗透教学中采取了"核心问题,引发思考;动手操作,猜想验证;问题串联,推理建模;用学结合,创造升华"的教学策略,力求实现学生对数学本质的把握、数学思想的体悟、数学思维素养的发展,让学生在建构知识体系的同时,提升数学综合思维能力,学有价值的数学。

《义务教育数学课程标准(2011 年版)》指出:"在数学教学活动中,……创造性地使用教材,积极开发、利用各种教学资源,为学生提供丰富多彩的学习素材。"课堂设计既要"依标尊本",又要"融入理念"。"依标"就是依据新修订的课程标准,这是教学设计的"底线";"尊本"就是尊重教材对教学的指引功能,因为教材是集体智慧的结晶,但又不能唯教材,要在把握和吃透教材的基础上活用教材、改组教材、拓展教材,关注儿童生命成长及内驱力激发。因此,在教学中笔者依据课程标准、教材、学情、资源等纲要,从横向与纵向 2 个维度设计课堂教学,以自主探究、合

作交流为主线,以求异创新为宗旨,调动学生学习积极性,引发学生的数学思考;给予学生足够的时间体验知识形成过程,培养学生的自主探究、合作交流、解决实际问题的能力,积累基本的数学活动经验;以尊重差异、因材施教为理论指导,让不同的学生在数学上得到不同的发展,让每一个学生都受到良好的数学教育。

现以人教版《数学四年级上册》中《平行与垂直》为例进行教学实践研究。

(1)创设核心问题,让学生对几组不同的图形进行分类,见图2-5。(情境创设要简洁、启思、空间大,用核心问题引领学生学习,引发学生认知冲突。认知冲突是学习发生的重要因素,也能驱动学生思考,激发学生学习探究的欲望。)

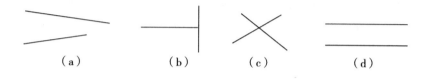

(a) (b) (c) (d)

图2-5 几组不同的图形

(2)学生独立思考怎样分类最合理,并说明理由。学生出现不同的分法:第一组分为两类——相交的一类,不相交的一类(这里出现第一组图形分入不相交类)。第二种分为三类——相交成直角的一类,一般相交的一类,不相交的一类(此时学生争议的焦点是"第一组图形到底归哪一类")。教师不要直接给出结论,而是让学生先独立思考,再进行小组交流、辩论,把教学重点放在相交的本质上。

(3)动手操作,猜想验证,研究相交的本质。组织学生动手先把图形画一画,再想一想组成图形的线有什么特点,相交的关键是什么。学生通过动手操作与思考,很快就能掌握相交的关键是要有交点,直线可以无限延伸。在交流辨析中明白第一组图形把两条直线延长后也会相交,从而实现对相交的新认知。在此基础上,学生很快对第二组图形达成统一意见(也是相交),第四组图形永远不相交。动手操作是学生学习的一种重要方式,符合儿童的认识规律,是学习真正发生的基础。通过动手操作能加强学生对知识本质的把握,积累实践活动经验;通过猜想验证,能加深学生对知识形成过程的感悟,有助于发展学生合情推理能力和演绎推理能力。

(4)问题串联,推理建模,重构新的知识体系。在把握相交本质的基础上,提出一系列的问题,如"除了相交和不相交还有其他情况吗?"让学生举例,验证猜想。"永远不相交的两条直线有什么特点?可以给它取什么名称?"让学生认识互相平行。"是不是只要永远不相交的两条直线都是互相平行的?"并强调研究范围是在同一平面内。"相交成直角的两条直线是特殊的相交吗?还可以叫什么名称?"让学生认识垂直。"能用什么符号表示互相平行与互相垂直呢?"先让学生自己创造符号,再进行成果展示,最后与数学家发明的符号对比,感受数学符号的简洁与数学的魅力。思起于疑,重视问题串设计,及时捕捉生成性资源进行问题反抛,找准学生思维的弱点、痛点、困惑点、生长点设问引思,聚焦视点问题不断给学生心智带来挑战、思考与兴奋,让学生在思维碰撞与分享中发展思维能力。

(5)用学结合,创造升华。为了让学生学以致用,创设闯关练习。第一关:基础练习。让学生说说生活中的互相垂直和互相平行现象,注重学生的准确表达及对概念的理解。第二关:辨析练习。选取学生的共性易错点对其进行训练,特别对"互相""同一平面""延长后相交"等易混淆点进行辨析,加深学生对互相平行与互相垂直本质的把握。第三关:动手操作。让组长将笔在桌上摆好,组员将自己的笔摆放成与组长的互相平行,观察一下能发现什么;让组长将笔在桌上摆好,组员将自己的笔摆放成与组长的互相垂直,观察一下又能发现什么。通过学生动手拼摆提升学生对"平行与垂直"知识结构体系的进一步认识,即平行于同一条直线的所有直线互相平行,垂直于同一条直线的所有直线互相平行。用学结合,让学生置身于具体情境中,经历知识抽象、运用、建构过程,提升学生的综合思维能力,实现学生对知识结构体系的重构。

(6)组织学生回顾梳理,将学习延伸至课外。创造性地设计数学儿歌:"同平面,两直线,确定位置看交点;无限延,不相交,相互称之平行线;相交时,看夹角,形成直角称垂线;平行线,垂直线,相互依存同平面;同学们,细观察,数学王国趣无限。"让学生结合本节课的学习,谈谈自己的收获及对"平行与垂直"概念的理解。实现学生对本课的知识进行回顾梳理,促进学生对自身知识体系的认识与建构。学生在对本课知识进行反思中,不断地产生新问题、新思考;以问题驱动学生继续学习,让学生带着问题走出课堂,使学生的学习从课堂延伸至课外,让学习效果最大化。

教学的目的是让不同的学生在数学上得到不同的发展,让每一个学生都受到良好的数学教育。于是笔者着眼于学生的发展,向学生介绍了数学家欧几里得关于"平行线"的相关史料,并安排学生课后去收集有关"平行与垂直"的史料,思考"平行与垂直"在生活中有哪些应用,让学生在了解数学知识本来面目的过程中,深入把握数学本质,感受数学文化的魅力,培养学生对数学的学习兴趣。

经过以上教学实践,不仅有效地达成了预定的教学目标,还突出了本课教学重点,突破了本课教学难点。主要体现在以下几点:

1. 完善学生认知结构

数学教学的目的之一是让学生建立、完善知识结构体系。教学时,通过"创设核心问题,引发学生思考;动手操作,猜想验证,驱动学生思考;问题串追问,推理建模,重构知识体系;用学结合,创造升华,发展学生思维"这4个步骤,使学生从浅层的模仿学习走向深度的思维训练,经历知识"建构—解构—重构"的过程,让学生的学习真正发生。

2. 提升学生的综合思维能力

数学教学的本质是发展学生的思维能力,培养学生的创造力。知识是发展学生思维能力的通道,能力是学生在对知识的应用、迁移、转化中提升的。教学中通过学生对不同图形进行分类说理由、对关键词"互相、同一平面、延长后相交"等易混淆知识点辨析、对创编数学儿歌的反思谈感受等环节,驱动学生深度思考、质疑解惑,在对话与思维碰撞中发展学生的综合思维能力。

3. 培养学生自主学习的能力

教育是慢的艺术,教师要学会等待,不要急于告知,教师的结论性陈述会阻止学生"火热的思考",因此要舍得在思考中"浪费时间"。教学中,教师在每个问题提出后,都应要求学生先独立思考,自己先试试,然后表达自己的想法,出现争议时让学生充分对话交流,为学生搭建自主学习、合作交流的平台,做到"自主探究,学生先行,以心育人,静待花开",在潜移默化中提升学生自主学习的能力。

(二)数学文化在"数与代数"领域中的渗透

《义务教育数学课程标准(2011年版)》指出:"数学是人类文化的重要组成部分,数学素养是现代社会每一个公民应该具备的基本素养。"随着"数学是人类的一种文化"作为课程的基本理念之一,数学文化已经作为教材的组成部分走进课堂,数学文化从课程形态转化为教学形态变为现实。数学文化中蕴含着深刻的思想、方法、精神和品质等,在培养学生的思维方式和帮助学生树立正确的价值观等方面发挥着无比重要的作用。著名数学家张奠宙先生也明确指出:"数学文化必须走进课堂。"然而当下的农村小学数学教学中,由于受应试文化的影响,学校关注成绩,家长关注分数,教师和学生都成了应试文化下的考试机器。在这样的教育环境中,教师过于注重数学知识的讲授,重视习题的演练,因担心耽误上课时间、影响教学

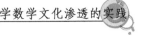

任务的完成,将不是考试知识点的数学文化束之高阁,使得数学拥有的文化气质和气度逐渐丧失。

建构主义学习理论认为知识的获得只有在学习者主动整合必要的学习资源并使之产生"意义建构"的情况下才能发生。学生是学习的主体,而不是被动接受规则和程序的参与者;教师的教学要从学生的认知发展水平和已有的经验基础出发,引导学生根据自己的认知特点进行信息处理,去理解与探索知识的来龙去脉,建构属于自己的知识结构。因此,数学文化渗透需要从学生熟悉的生活经验出发,设计问题情境,引发学生认知冲突,激发学生的内在学习动力,进而创设具有挑战性的探究任务,充分让学生经历观察、猜想、实验、验证、推理、建模的探究过程,学会数学思维方式,把握知识的本质。基于以上教学思考,笔者在数学文化渗透的教学中采取了"创设问题情境,聚焦核心问题;学生自主探究,交流展示建模;设置开放任务,迁移拓展应用;回顾梳理升华,感悟文化内涵"的教学策略,力图实现学生对数学知识的建构、数学本质的把握、数学思想的体悟,切实促进学生数学核心素养的发展。

现以人教版《数学三年级上册》"数与代数"领域《分数的初步认识》一课为例进行教学实践研究。

本课是人教版《数学三年级上册》分数单元的起始课,是单元内容的核心,也是整个单元的"种子课"。从整数到分数是"数"概念的一次重要扩展,无论在意义上,还是在读写方法及计算上,分数和整数都有很大的差异,这部分知识的掌握对帮助学生理解分数的意义,建立分数的初步概念及今后深入学习分数有着重要意义。根据本课的教学目标与学生学情,在建构主义理论的指导下,笔者聚焦核心内容创设问题情境,引发学生认知冲突;设置任务驱动学生探究,让学生自主经历和体验知识学习的探究过程,并开展小组交流,组间展示建模;设置开放任务,让不同的学生在数学上得到不同的发展,让每一个学生都受到良好的数学教育;回顾梳理升华,让学生联系自身的生活实际感悟数学文化。

(1)创设问题情境,聚焦核心问题。课始,创设生活情境——"我的儿子正在读三年级,他和一年级学生一起玩时觉得自己很高,但和六年级学生玩时觉得自己很矮,他不明白为什么自己一会儿感觉很高,一会儿感觉很矮,你们能帮助他解决心中的困惑吗?"此环节创设问题情境来源于学生熟悉的生活,既有效地激发了学生学习的兴趣,又让学生理解了"标准"一词,为新知识学习做好铺垫。接着提出本节课的核心问题"以左边涂色正方形为标准,记作1,那么如何表示右边图形(将正方形平均分成3份,涂1份)呢?"此环节旨在用问题引发学生认知冲突。认知冲突是学习发生的重要因素,也能驱动学生思考,激发学生学习探究的欲望。

(2)学生自主探究,交流展示建模。接着,依据课程标准要求,站在学生立场,组织学生自主探究学习。首先让学生自主探究分数的读写法,让学生尝试写"几分之一"那样的分数并读出分数。接着自学教材,认识分数各部分的名称,借机引入古埃及人、中国人、古印度人创造分数的历程,以及古阿拉伯人在前人的基础上发明分数线而创造出现在的分数的史料,并让学生说说自己对分数表示方法的理解。此环节将数学文化与学生自主探究结合,不但加深学生对分数表示方法的理解,还让学生受到数学家智慧与锲而不舍探索精神的熏陶。然后组织学生进行组内交流,让学生从生活经验出发,讨论"1/2 是怎么来的? 是什么意思?",学生根据分月饼、蛋糕、西瓜、巧克力等实际经验感悟分数的产生和意义。通过认识长方形的 1/2、正方形的 1/2、三角形的 1/2、圆的 1/2 等,让学生从生活世界走向数学的内部,并设置核心问题:"这些图形的大小、形状都不同,为什么都能用 1/2 来表示呢? 谁能说说道理。"驱动学生思考,深入理解分数的本质。本环节教学注重分数意义的理解,从学生认知规律出发,以"核心问题"为主线,充分留给学生思考的时间,使学生在不知不觉中理解了分数的意义,让课堂充满思维的磁场。

(3)设置开放任务,迁移拓展应用。在学生充分理解了分数的产生和意义、掌握分数读写法时,创设开放性活动——"组织学生探究 1/4 的不同分法,比比谁创造的方法多"。在活动中用任务驱动学生深入探究,通过深入探究学生创造出多种不同的分法,加深了学生对分数本质的认识——"不管分的图形形状是否相同,只要把标准'1'平均分成 4 份,每份就是 1/4"。此环节创设开放的、多样化的活动,为学生提供了富有个性的学习,充分让学生主动参与、探究发现和交流合作,使每个学生的思维都有发展。

在比较分数大小环节,创设观察"分数墙"活动,组织学生从不同的角度观察思考,讨论发现分数大小的本质——"把同一标准'1'平均分的份数越多,每份数就越小",在辨析比较中认识分数与整数的不同。同时借助"数轴"采取数形结合法扩展数域,让学生明白分数与整数的相同地方——"3/3 等于 1",为后面的分数加减法学习打下基础。此环节从学生的认知规律着手,采取数形结合的策略,用任务驱动学生思考,使学生在过程中获得数学建构,在追根溯源中把握数学本质,在对话交流中感悟数学思想。

(4)回顾梳理升华,联系生活感悟文化内涵。课末,组织学生回顾本节课学习分数的过程——"分数是一种新的数,这节课我们主要研究了数的产生、意义、读写、大小等",让学生明白以后学习新的数都可以从以上几个方面去研究。最后让学生用分数的眼光观察巧克力,在同一个标准"1"中从不同的角度观察、发现不同的分数,学生可以从中看出 1/8、1/4、1/2 等,有力地拓宽学生思维视野。此环节通过学生对本课知识的回顾梳理及分数知识的迁移应用,不仅促进学生对自身知识体系重新建构,还在春风化雨中感悟分数的内涵,学会从不同的角度观察与思考,为学生"终身学习"和"可持续发展"积淀必备素养。

本课教学实践注重数学文化的渗透,实现了从"学术形态"的数学文化转变为"教育形态",实现了从"冰冷的美丽"走向"火热的思考",不仅能有效地达成预定的教学目标,还能突出本课教学重点,突破本课教学难点。主要体现在以下几点:

1. 完善学生认知结构

数学教学的目的之一是让学生建立、完善知识结构体系。教学时,通过"创设问题情境,提出核心问题,引发学生认知冲突;自主探究,交流展示,帮助学生理解分数的意义及读写;设置开放性任务驱动学生思考,拓宽学生的数学思维视野,深入把握分数的本质;组织学生回顾梳理,联系生活感悟分数的价值及文化内涵"4个步骤,使学生从浅层的模仿学习走向深度的思维训练,经历知识"建构—解构—重构"的过程,让学习真正发生。

2. 提升学生的综合思维能力

数学教学的本质是发展学生的思维能力,培养学生的创造力。知识是发展学生思维能力的通道,而能力是学生在对知识的应用、迁移、转化中提升的。教学中通过观察辨析、问题质疑、动手操作、开放性任务设置、回顾升华、感悟分数等环节,驱动学生深度思考、质疑解惑,在对话与思维碰撞中发展学生的综合思维能力。

3. 培养学生自主学习的能力

教育是慢的艺术,要学会等待,不要急于告知,教师结论性陈述会阻止学生"火热的思考",因此要舍得在思考中"浪费时间"。教学中,在每个问题提出后,都要求学生先独立思考,自己先试试,然后表达自己的想法,出现争议时让学生充分对话交流,为学生搭建自主学习、合作交流的平台,做到"自主探究,学生先行,以心育人,静待花开",在潜移默化中提升自主学习的能力。

(三)数学文化在"统计与概率"领域中的渗透

随着社会与信息技术的飞速发展,各种数据已融入我们的生活,与日常出行、学习、工作紧密相连,利用数据分析进行甄别、推断、预测已成为生活常态,良好的数据分析能力也成为每个公民所必备的素养。《义务教育数学课程标准(2011年版)》明确提出了数据分析观念,指出数据分析是统计的核心。而数据分析观念的形成,离不开学生对统计过程的实践,也离不开学生亲历"数据收集、数据整理描述、数据分析判断"的感悟,是一个循序渐进、潜移默化、长期浸润的过程。然而受功利主义的影响,现在的课堂教学严重压缩了数据收集、整理、描述、分析、判断的感悟过程,大部分教师在课堂教学中侧重于统计知识的讲授与技巧的训练,使得学生的学习过程枯燥乏味,数据观念的培养也成了无源之水、无本之木。于此,笔者着眼于学生数据分析观念的培养,进行了课堂教学实践研究。

《义务教育数学课程标准(2011年版)》指出:"有效的数学教学活动是教师教与学生学的统一,应体现'以人为本'的理念,促进学生的全面发展。"学生是学习的主人,学生天生具有自我发展、自我认知、自我完善的潜能。学生获得知识,必须建立在自己思考的基础上;学生形成技能,离不开自己的实践。因此,在课堂教学中培养学生的数据分析观念,教师应遵从"40 min都是学生的时间"的观念,让出话语权、探究权,充分给予学生思考的时间与空间,让学生在自主建构、主动反思中形成对随机性的新认知,自觉用数据分析的眼光去观察世界,逐步学会更清晰、更深入、更全面、更合理地思考,从"理性思维"走向"理性精神"。

《义务教育数学课程标准(2011年版)》指出:"学生应当有足够的时间和空间经历观察、实验、猜测、计算、推理、验证等活动过程。"水有源,故其流不穷;木有根,故其生不穷。经验是学生学习的重要资源,有效的教学不是传授学生技能,而是促进学生经验的生长、思维的发展。"数据分析观念"的培养应基于学生的认知基础和已有学习经验,以活动为主线,让学生不断经历、体验各种数学活动过程,用富有启发性的问题不断驱动学生深度思考,从而实现在追根溯源中理解随机性的数学本质,在亲身体验中感悟随机思想,在迁移运用中发展学生的数据分析能力。教学中可采取"核心问题,引发思考;游戏活动,体验感悟;亲历体验,建立概念;迁移运用,发展能力;回顾反思,形成观念"的教学策略,促进学生数据分析能力的发展,让学生学有价值的数学。

现以人教版《数学五年级上册》中的《可能性》为例进行教学实践研究。

本课的主要目的是让学生初步感受随机现象中数据的随机性,通过数据分析体会到对于同样的事情每次收集到的数据可能不同,但只要有足够的数据就可能从中发现规律。五年级学生的抽象思维能力已经有了一定的发展,具有一定的分析和判断能力。但在理解不确定现象和用"一定""不可能""可能"等词语来描述随机现象上还有难度,特别是从较多的数据中发现规律比较困难。《义务教育数学课程标准(2011年版)》指出:"课程内容的组织要重视过程,处理好过程与结果的关系;要重视直观,处理好直观与抽象的关系;要重视直接经验,处理好直接经验与间接经验的关系。"而活动体验能让学生愉悦、让学生主动,反思则能让活动显得更加深刻、更加有意义。因此,在教学中创造性地使用教材资源,选择符合学生认识规律、贴近学生生活实际的内容,顺学而导、因"学"制宜,营造生动、活泼、轻松的学习氛围,使学生在愉悦的氛围中经历探索、自主建构数学知识的过程。在学生进行充分活动的基础上,经历"猜想—验证—反思—交流"的过程,适时引导反思,帮助学生逐步消除错误的经验,建立正确的概率直觉,让认知渐趋完善并纳入学生原有的知识体系。

(1)核心问题,引发思考。课始,首先将《狄青百钱定军心》的故事引入课堂,增强学习趣味性。随后提出具有挑战性的问题——"抛100枚硬币,全部正面朝上可能吗?",引发学生的数学思考。本环节从学生认知规律和心理特征出发,创设经典故事情境,有效地激发学生的兴趣,引发学生认知冲突,驱动学生积极思考,让学生在不知不觉中产生了学习的需求。

(2)游戏活动,体验感悟。设计"抛硬币"游戏活动,并结合问题"如果我把这枚硬币抛出的话,可能会是什么情况? 抛1枚硬币会有几种结果?"引导学生边思考边操作。介绍历史上数学家抛硬币的研究实验,引导学生进行数据分析体验,学习从数据中发现规律。本环节用学生熟悉的"抛硬币"游戏活动让学生在实验中体验随机性,利用介绍历史上数学家抛硬币的实验数据,让学生体会到对于同样的事情每次收集到的数据可能不同,但只要有足够的数据就可能从中发现规律,形成对"等可能性"及"随机性"的初步认识。

(3)亲历体验,建立概念。设计不同的摸球体验游戏。先在箱子里面装红球和白球,规定摸出1个黄色的球就能获奖,感受"不可能";接着用问题"怎样才能使同学们有获奖的机会? 怎样才能百分之百中奖呢?"感受"可能""一定";最后,让学生回顾《狄青百钱定军心》的故事,用问题"抛硬币是一个不确定事件,硬币全部正面朝上是一个什么事件? 这是怎么回事呢?"驱动学生深入思考,感受"不确定事件"向"确定事件"的转化过程。本环节旨在创设不同的活动体验,动与思结合,让学生边活动边思考,亲历猜想、实践、验证、反思、交流的学习过程,丰富学生对可能性的认知。同时,让学生在表达与思考中学会用"一定""不可能""可能"等词语来描述随机现象,让学生逐步学会更全面、更深入、更清晰、更合理地思考,建立随机性概念。

（4）迁移运用，发展能力。创设根据提示信息猜棋子问题，让学生说理由；用"一定""不可能""可能"描述生活中的可能性问题，让学生说想法；设计"拨转盘获奖"情境，用问题"如果你也参与了这次抽奖活动，你最容易抽到几等奖呢？为什么？"驱动学生深入思考。本环节创设多形式、有层次、生活化的练习，留给学生足够的时间和空间，让学生在对话分享、智慧碰撞中明白可能性的本质是"2 个维度——'确定事件和不确定事件'"，加深学生对可能性本质的认识，促进学生思维的发展。

（5）回顾反思，形成观念。本环节先让学生说说这节课的收获与困惑，然后设计"老师寄语"用"可能""一定""不可能"对学生进行课堂评价——"同学们，这节课可能你的表现不是最出色的，但是只要你在以后的学习中多动脑、勤思考，你就不可能没有进步。继续努力，相信你一定是最棒的！加油！"最后布置课后作业："思考《生死签》故事里犯人是怎样化险为夷的？"，以问题驱动学生继续思考，让学生带着问题走出课堂，使学生的学习从课堂延伸至课外，让学习效果最大化。

数学学习过程是一个从薄到厚，再从厚到薄的过程，回顾与反思是学生形成良好认知结构的必要环节，有助于学生建立"可能性"的知识结构体系。教师恰当的评价能激励学生学习，激发学生学习兴趣，帮助学生认识自我、建立信心。

在以上教学实践中，笔者以促进学生发展为立足点，以活动体验为主线，用问题驱动学生深度思考，充分给予学生足够的时间经历知识形成、发展和应用的过程，帮助学生建立对随机性的新认知，促进学生数据分析能力的发展。

1. 创设问题情境，体验知识形成过程，完善学生认知结构，达成基础性目标

课中创设《狄青百钱定军心》的故事情境引发学生认知冲突，设计"抛硬币""摸球"等活动让学生体验随机性，在统计过程中发展学生的数据分析能力；利用数学家的实验数据让学生体验从数据分析中发现规律，加深学生对随机性的本质理解；创设生活中的问题，让学生在解决问题中促进知识的内化，在迁移运用中感悟随机思想，帮助学生从不清晰到清晰、从片面到全面、从肤浅到深入的模型建构，达成基础性目标。

2. 各环节中的追问、差异资源利用，促进学生思维发展，达成发展性目标

好的问题能引发学生思考。笔者在课中注重以启发性问题，如"抛 100 枚硬币，全部正面朝上可能吗？""如果我把这枚硬币抛出的话，可能会是什么情况？""怎样才能使同学们有获奖的机会呢？怎样才能百分之百中奖呢？""如果你也参

与了这次抽奖活动,你最容易抽到几等奖呢? 为什么?"等问题驱动学生思考,发展学生数学思维能力;抓住学生出现的差异资源,组织学生对话交流、质疑解惑,深入理解随机性的本质;在对话与思维碰撞、表达与建模中发展学生的综合思维能力,让学生逐步学会更清晰、更深入、更全面、更合理地思考,从"理性思维"走向"理性精神",达成发展性目标。

总之,学生数据分析观念的培养是一个长期的过程,需要教师在平时的教学中持之以恒,遵循学生的年龄特点和认知规律,灵活地创设情境体验活动,使学生在习得知识的同时,有效提高数据分析能力。

(四)数学文化在"综合与实践"领域中的渗透

《义务教育数学课程标准(2011年版)》提出:"'综合与实践'是一类以问题为载体、以学生自主参与为主的学习活动。在学习活动中,学生将综合运用'数与代数''图形与几何''统计与概率'等知识与方法解决问题。""'综合与实践'内容设置的目的在于培养学生综合运用有关的知识与方法解决实际问题,培养学生的问题意识、应用意识和创新意识,积累学生的活动经验,提高学生解决现实问题的能力。"可见,在小学数学教学中开展数学实践活动课的意义重大。然而,在现实的小学数学教学中,由于多数教师对该课程的认识与理解还存在许多的"不清楚"和"不知道",加之这类课程不是考试内容、缺乏实践活动条件、教学经验不足等原因,相当多的小学数学教师要么把其上成了习题课,要么上成了一般的新授课,或者上成了一般的复习课,还有的甚至不开展这类实践活动课,导致教学资源的严重浪费。下面以"争做储蓄小能手"实践活动为例,谈谈笔者对有效开展数学实践活动课的思考。

1. 因地制宜开发适合学生的课程资源,是有效开展数学实践活动的基石

要想达成"综合与实践"领域的目标,首先要精心选择适合学生的课程资源。现行人教版小学数学教材中,有些内容与农村学生的实际差距较大,不宜操作。如人教版《数学六年级上册》的《确定起跑线》,由于农村硬件条件差,学生对正规跑道不熟悉,不易开展这样的实践活动。又如人教版《数学四年级下册》的《营养午餐》,农村小学生根本没有这方面的体验,教学只能成为看图学习。因此,在教学中教师要善于结合学生生活实际,挖掘数学知识中蕴涵的实践活动因素,成为主动开发数学实践活动教学资源的开拓者。如笔者在《数学六年级下册》教学中,结合教材中利息和存款等知识与学生生活实际,组织学生开展了"争做储蓄小能手"的实

践活动,让学生通过课内学习、实地调研、邀请专业人员讲解,亲自参与储蓄方案的设计,参加储蓄知识演讲比赛、献爱心争做储蓄小能手等实践活动,不仅学会了储蓄方法,养成了良好的储蓄习惯,还积累了活动经验,培养了应用能力、创新能力,树立了正确的价值观。

2. 精心设计适宜的活动方案,是有效开展数学实践活动的关键

"综合与实践"以问题为中心,以活动为平台,综合应用知识和方法解决问题,培养学生各种能力,帮助学生积累活动经验。数学实践活动有别于一般课堂上的动手操作——拼一拼、摆一摆、画一画,它打破了传统的教学模式,把课堂教学与学生的生活实际紧紧联系在一起,把个人活动、小组活动结合起来。因此,数学实践活动应该是课内与课外结合,以小组合作的方式,制订适宜的活动方案来开展实践活动。制订一个好的活动方案是综合与实践活动顺利、有效开展的关键,活动方案设计的质量高低直接决定着综合与实践活动的效果。组织学生设计活动方案时,教师应该先让学生自主设计,制订初步的活动方案,再指导学生交流、论证,最终形成适合学生操作的、合理的活动方案。如在指导学生开展"争做储蓄小能手"实践活动时,先让学生自主设计活动方案,然后根据活动的目标,引导学生进行交流、论证、修改,最终形成了可操作的活动方案。即:活动主题(帮助李阿姨设计一个合理的储蓄方案,使她存2万元,存期6年后的收益最大)、小组成员及分工(4人一组,明确任务)、需要的工具(电脑、计算器)、活动方式(实地调查与上网调查)、活动的具体步骤(先调查普通储蓄存款、教育储蓄存款和购买国债3种储蓄方式的利率;然后根据利率表及存期6年设计不同的存款方式,分别计算出6年后的收益;最后对设计的方案进行比较,选出优秀方案)、活动的结论、反思与自我评价(通过活动我是否学会如何开展调查研究、如何设计活动方案、如何与人打交道、如何撰写活动日志,是否知道调查必须认真细心、计算要细心,等等)。

3. 多元评价激励学生主动研究,是有效开展数学实践活动的保障

《义务教育数学课程标准(2011年版)》强调:"应建立目标多元、方法多样的评价体系。评价既要关注学生学习的结果,也要重视学习的过程;既要关注学生学习的水平,也要重视学生在数学活动中所表现出来的情感与态度,帮助学生认识自我、建立信心。"由于实践活动是实践性、探索性和应用性较强的学习活动,学生在实践活动中可能会遇到比平常学习时更多的问题和困难。因此,教师首先应有足够的耐心,并对学生加以精心点拨和引导。其次,在具体的数学实践活动中,教师应重点关注学生探索实践的过程,关注学生通过实践活动后带来的学习方式的变化,关注学生分析问题、解决问题等思维能力的提高。最后,一项具体的数学实践活动完成后,要适当安排在小组或全班范围内交流活动的过程与结果,相互评价,畅谈收获。总之,评价的手段和形式应多样化,以过程评价为主,多采用鼓励性的语言,保护学生的自尊心和自信心,发挥评价的激励作用,让学生在交流评价中点燃思维碰撞的火花,拓宽知识的视野,共享活动成功的愉悦。如笔者在指导学生开展"争做储蓄小能手"实践活动中,及时鼓励学生到银行去实地调查利率及储蓄种类,鼓励学生向营业员咨询问题,解答心中的困惑,活动后组织学生互评活动方案,共同讨论问题的原因。通过自评和互评,培养学生虚心接受他人合理建议的品质,在鼓励中学生的参与兴趣也更浓了。

4.反思交流提升学生综合素养,是有效开展数学实践活动的归宿

《义务教育数学课程标准(2011年版)》指出:"数学活动经验需要在'做'的过程和'思考'的过程中积淀,是在数学学习活动中逐步积累的。""经验＋反思＝成长",因此,让学生反思在综合与实践活动中是如何做的、怎样想的,正是不断积累数学活动经验的有效契机。另外,通过反思交流,还能帮助学生学会用数学的眼光发现、提出生活中的数学问题,运用已有的知识和经验分析、解决问题,进而体会数学的价值与意义,积累用数学解决问题的经验。如笔者在指导学生开展"争做储蓄小能手"实践活动后,引导学生反思是如何开展储蓄调查的,反思在设计活动方案的过程中是如何做到方案最优化的,反思在与其他小组交流过程中发现的问题,从而学会如何开展调查研究活动,学会如何设计活动方案,学会如何保证研究结果的准确性,形成活动经验,促进了学生实践智慧的提升。

第四节 典型案例

一、《简便运算的整理与复习》教学设计

（一）教学内容

人教版《数学六年级下册》第六单元第77页例7。

（二）教学思想

《简便运算的整理与复习》是一节对"运算定律与性质"的整理与复习课。复习课是以巩固、梳理已学知识、技能，形成知识网络，感悟数学思想方法，积累数学活动经验，发展学生综合能力为主要任务的一种课型。作为一节数学复习课，不仅要"继往"，更重要的是要"开来"，让学生感受成长的快乐、学习的充实、生命的质量，它的价值更多在于学生后续学习能力的提高。《义务教育数学课程标准（2011年版）》指出："有效的数学教学活动是教师教与学生学的统一，应体现'以人为本'的理念，促进学生的全面发展。"学生是学习的主人，学生天生具有自我发展、自我认知、自我完善的潜能。于此，在教学中"以生为本"，遵从"40 min 都是学生的时间"的观念，让出话语权、探究权，充分给予学生思考的时间与空间，自主建构简便运算知识结构。充分遵循教育的规律、尊重学生差异，创设开放性练习发展学生思维，用"简便运算三字经"引导学生反思回顾，从而实现对学生简便运算知识进行查漏补缺与提升学生综合能力，促进学生对"运算定律与性质"的深刻理解，逐步让学生学会更清晰、更深入、更全面、更合理地思考，从"理性思维"走向"理性精神"，达成教学目标。

（三）学情分析

六年级的学生已经有了丰富的简便运算经验，但因运算定律的相似性与变化多样性，学生在进行简便运算时总会出现错误，主要有以下3类问题：思维定式；运算定律、性质不理解；运算意义不理解。

(四)教学目标

(1)通过整理复习,系统地掌握运算定律和法则,并学会合理、灵活地进行简便运算。

(2)通过对数的特征和运算特征的观察分析,进一步培养学生的数感、运算能力及简便运算意识,帮助学生积累相关的数学活动经验。

(3)沟通计算方法多样化与解决问题策略多样化之间的联系,体会算用结合,感受数学的简洁美。

(五)教学重点、难点

(1)教学重点:系统地掌握运算定律和法则,并会合理、灵活地进行简便运算。

(2)教学难点:进一步培养学生的数感、运算能力及简便运算意识,帮助学生积累相关的数学活动经验,感受数学的简洁美。

(六)教学方法

因本节课的教学方法是基于学生的认知基础和已有学习经验,采取"激趣激活简便运算经验、整理形成简便运算经验、运用更新简便运算经验、回顾建构运算策略"来达成教学目标。

(七)教学准备

课件、题目单。

(八)教学课时

1学时。

(九)教学安排

1. 激趣导入,确立目标

(1)师:同学们,我们学习了很多关于数的运算,这里有4道题,请你选择其中2道题做一做,看谁算得又对又快。(生练习)(课件出示4道题)

①$18.93 - 7.2 - 2.8$ ②$7.36 - 2.36 \times 1.3$

③$1.6 \times 53 + 1.6 \times 47$ ④$\dfrac{7}{3} \times \dfrac{11}{4} \times \dfrac{3}{2} \times \dfrac{9}{10}$

反馈交流。（校对答案,交流）

（2）师:你们为什么都选择了这2道题,你们是怎么看出这2道题能简便运算? 说说你们是怎么想的。（生回答）

（3）师总结:大家在选择题目的时候,先仔细阅读了题目,发现了数据的特点, 想到运用运算定律和性质进行简便计算,这种习惯非常好。

（4）师:7.36 − 2.36 × 1.3,这道题的数据也有特点,你们选了吗? 为什么不选? （生汇报）

师:从大家的讨论中,我们确定无论什么时候,计算结果的正确是最重要的。

（5）师:看来要使计算正确,一般情况要按照运算顺序进行计算。有时可根据 数据的特点,运用运算定律或性质进行简便运算,计算的速度就会提高。

【设计意图】让学生自己选择2道算式计算,并阐述选题想法,唤醒学生的简便 运算意识,同时在这一过程中帮助学生积累仔细审题、快速找特点的经验。

2. 知识梳理,形成网络

（1）自主梳理,小组交流。

师:看来,运算定律非常重要,回想一下六年来我们学习了哪些运算定律和性 质,你能用自己的方法对六年来学习过的运算定律和性质进行梳理吗? 把你的成 果在小组内交流。

师:谁来向大家介绍你是如何记住这些运算定律的?（生汇报）
教师引导学生利用分类思想进行记忆。

（2）教师重点引导学生按加、减、乘、除分类;按关键词定律、性质分类;按同级 运算、不同级运算分类;突出定律和性质的逆运算;等等。

（3）小结。

师:大家都能根据运算定律和性质的特征有条理地进行整理,这样有助于我们 更好地记忆和运用这些运算定律和性质。

【设计意图】对运算定律、性质的整理环节,不是让学生简单罗列,而是引导学 生系统梳理。这样的方式不仅能帮助学生进一步把握运算定律和性质的特征,还 能提高学生的认识水平,同时帮助学生积累“联系和区别”这种梳理知识的活动 经验。

3. 分层练习,发展能力

（1）怎样简便就怎样算。（生独立练习,师讲评）

①$7500 \div 125 \div 8$ ②$\frac{3}{4} + \frac{10}{9} + 0.25 + \frac{8}{9}$ ③$25 \times 7.6 \times 0.4$ ④$8.8 \times 125$

【设计意图】通过对运算定律的运用,有意识地培养学生的简便运算意识,帮助学生积累简便运算的经验,使学生学会运用运算定律或性质,体会它们的价值。

(2)请你做小法官,判断下面的运算是否正确,并说说理由。

① $326 - 72 + 28 = 326 - (72 + 28)$ (   )

② $73 + 37 - 73 + 37 = 0$ (   )

③ $83 \times 99 + 1 = 83 \times (99 + 1)$ (   )

④ $\frac{1}{3} \times 8 \div \frac{1}{3} \times 8 = 1$ (   )

【设计意图】查漏补缺是复习课的一大功能,一节课短短40 min,我们必须注重合理筛选"缺漏",选取学生共性易错点。通过呈现学生易混淆的题让学生辨析,既对学生所学知识进行查漏补缺,又培养学生的简便运算意识,同时在反馈中帮助学生积累学习经验。

(3)在□或○里填上合适的数或符号,使运算简便。

①$\frac{20}{3} - \square - 0.49$ ②$6.25 \times \square + 6.25 \times \square$ ③$12.5 \bigcirc 9.2 \bigcirc 0.8$

(生汇报,并说明为什么)

师:能根据数据特点和运算定律、性质来考虑问题,要做到不仅知其然,还知其所以然。

【设计意图】通过让学生说说怎么想的、用什么方法简便运算,使学生在关注数据特点的基础上,进一步理解、掌握运算定律和性质。

4.回顾反思,渗透文化

(1)指导学生诵读"简便运算三字经"。

"简便运算三字经":做简算,细观察;找特点,想凑整;连续加,结对子;连续乘,找朋友;连续减,减去和;连续除,除以积;减和,可连减;除以积,可连除;公因数,提出来;特殊数,巧拆分。

(2)小结。

师:结合本节课的学习与"简便运算三字经"内容,谈谈你的理解或收获。

【设计意图】数学的学习过程是一个从薄到厚,再从厚到薄的过程。最后启发学生结合本节课的学习,谈谈对"简便运算三字经"的理解,可深化理解简便运算思想、凑整思想,进一步强化学生利用数学思想解决问题的意识。

5.课后作业，个性发展

（1）必做题：怎样简便就怎样算。

① 3.4×101 ② $4.7 + 56 + 5.3 + 44$ ③ $400 \div 125 \div 8$ ④ $25 \times (4 - 0.4)$

⑤ $4 \times \dfrac{2}{7} + 4 \times \dfrac{19}{2}$ ⑥ $0.125 \times 4 \times 2.5$

（2）选做题。

① $87 \times \dfrac{3}{86}$ ② $\dfrac{2}{19} \times \dfrac{8}{25} + \dfrac{17}{25} \div \dfrac{19}{2}$

【设计意图】分层训练、因材施教，满足不同学生的需求，让不同的学生都能得到成功的体验，让不同的学生在数学上获得不同的发展。

（十）板书设计

简便运算整理与复习

凑整（十、百、千…）思想

【设计意图】板书是一节课必不可少的部分，起画龙点睛的作用。它将本节课的重点、难点、关键点条理清晰地展示出来，使学生一目了然，便于学生记忆与理解，形成知识结构体系。

二、《年、月、日》教学设计

（一）教学内容

人教版《数学三年级下册》第六单元《年、月、日》。

（二）教学思想

"年、月、日"知识尽管在数学教材中是第一次出现，但作为常识性内容，与学生的生活息息相关，学生在课前已经积累了大量感性经验。时间单位是较为抽象的计量单位，学生在这之前已经认识了时间单位"时、分、秒"，积累了一些数学活动经验。"年、月、日"教学内容因具有常识性,与概念的理解无关,应以识记体验为主。"年、月、日"和其他计量单位不同,其中月与日之间的进率具有不唯一性,学生要形成较长时间观念,理解 1 年或者 1 个月的时间有多长,需借助一定的想象力。因此,在教学中要充分挖掘学生已有的生活与学习经验,暴露学生的认知问题,找到学生的困惑点,基于学生认知为学生精心准备学习内容,用资料研究法引导学生经历年历卡的观察、分析、梳理和归纳的过程,从而了解月与日的特殊进率关系,明白其内在规律。本节课对"年、月、日"之间的进率,不需要去解决"为什么"的问题,因为学生无法用一节课的时间明白背后的天文知识及历史故事,只需要在学生建立时长观念后,在练习中巩固技能,帮助学生逐步消除错误的经验,建立对"年、月、日"新的认知。《义务教育数学课程标准(2011 年版)》指出:"有效的数学教学活动是教师教与学生学的统一,应体现'以人为本'的理念,促进学生的全面发展。"学生是学习的主人,学生天生具有自我发展、自我认知、自我完善的潜能。因此,在教学中要遵从"40 min 都是学生的时间"的观念,让出话语权、探究权,充分给予学生独立思考的时间与空间,让学生在自主建构、主动反思中形成对年、月、日的知识结构,并逐步让学生学会更清晰、更深入、更全面、更合理地思考,达成教学目标。

(三)学情分析

三年级的学生在日常生活中已积累起对年、月、日的初步经验,一些特殊的月份、日子更是在孩子们心中有特殊的情感,但年、月、日各自的特点和相互之间的关系较为复杂,学生虽然在实际生活中有过一些感受和初步的经验,但对年、月、日概念还缺乏清晰的、全面的认识,特别是对闰年、平年的有关知识比较陌生。

(四)教学目标

(1)通过生活经历和年历卡认识时间单位年、月、日,知道大月、小月、平年、闰年等方面的知识,初步学会判断平年、闰年。

(2)经历自主探究年、月、日之间关系的过程,培养学生观察、比较和概括能力,促进学生数学思维的发展。

(3)在探究、合作与交流的过程中让学生获得情感体验,感受生活中处处有数学,并结合教学情境对学生进行数学文化渗透,让学生感受数学的魅力。

(五)教学重点、难点

(1)教学重点:认识时间单位年、月、日,知道大月、小月。(正确、迅速记住 12

个月的天数)

(2)教学难点:经历自主探究年、月、日之间关系的过程,培养学生观察、比较和概括能力,促进学生数学思维的发展,获得积极的情感体验,感受数学的魅力。

(六)教学方法

本节课基于学生的认知基础和已有学习经验,采取"课前预习,自主建构;核心问题,引发思考;自主探究,合作交流;运用新知,发展思维;回顾梳理,延伸课外"的教学策略来达成目标。

(七)教学准备

课件。

(八)教学课时

1学时。

(九)教学安排

1.课前预习,自主建构

(1)收集有关"年、月、日"的知识。

(2)查看2019年和2020年的年历,将各月的天数填入表中。

年份	天数/天												
	1月	2月	3月	4月	5月	6月	7月	8月	9月	10月	11月	12月	合计
2019年													
2020年													

(3)观察上表,你有什么发现?

【设计意图】课前预习是学习的前提。"年、月、日"的知识,学生在平时生活中就知道一些,但整个知识结构是零乱、模糊的,差异也大。通过课前收集、整理,可对新课教学做充分的知识准备,缩小差距;也有利于培养学生查找、整理信息的能力和形成课前预习的良好习惯。

2.核心问题，引发思考

师：满 12 岁的小强，却只过了 3 个生日。你知道这是为什么吗？

（板书：年、月、日）

【设计意图】兴趣是最好的老师，问题是学生学习的驱动力。本课通过创设"满 12 岁的小强，却只过了 3 个生日"的问题情境，能有效地激起学生的认知冲突，挑战学生的思维，激发学生探究学习的欲望。

3.自主探究，合作交流

(1)检查预习，梳理大月、小月知识。

师：通过预习，关于年、月、日，你已经知道了哪些知识？还有什么困惑？（生独立思考）

【设计意图】有效的教学活动应注重以生为本，以生定教。对学生的预习进行检查，既有利于学生预习习惯的培养，又有利于教师掌握学生的知识基础，确定本课的学习目标，为新课的教学做好铺垫。

(2)组间交流，汇报学习成果。

①一年有 12 个月。

②每月有 31 天的是：1 月、3 月、5 月、7 月、8 月、10 月、12 月。（大月）

③每月有 30 天的是：4 月、6 月、9 月、11 月。（小月）

④2 月有的是 28 天，有的是 29 天。

⑤一年有 365 天，366 天。（请同学们在本子上算一算，用什么方法算好呢？）

$31 \times 7 + 30 \times 4 + 28 = 365$（天）；$31 \times 7 + 30 \times 4 + 29 = 366$（天）

【设计意图】学生之间互动交流学习成果，不仅有利于培养学生的合作意识、合作能力，还有利于学生与他人分享成果，实现资源共享。同时，通过学生之间的交流碰撞，能生成新问题，确立探究目标，突出重点，培养学生的创新意识，为进一步学习提供保障。

(3)学习大月、小月的记忆法。

师：你能记住哪些是大月，哪些是小月么？用什么方法记忆的？

师介绍拳头记忆法、歌诀记忆法，介绍大月和小月的来历。

（如果学生知道就让学生来介绍。）

【设计意图】让学生合作交流大月、小月记忆法，既能兼顾不同学生认知基础和记忆习惯，又能体现学生个性发展，培养学生创新意识。通过介绍大月、小月的来历，对学生进行数学文化熏陶,让学生感受到数学文化的魅力,激发学生学习的兴趣。

(4)研究 2 月,探究平年、闰年的判断方法。

师:现在同学们对什么问题还有疑问?(引导学生提出问题:什么时候是 28 天,什么时候是 29 天呢?为什么要有时 28 天有时 29 天呢?组织学生探究。)

【设计意图】用资料研究法引导学生经历年历卡中平年与闰年的观察、分析、梳理和归纳的过程,不仅能突破难点,掌握平年、闰年的判断方法,还有利于学生掌握数学思考的方法,积累数学活动经验;同时,充分发挥网络资源优势,向学生介绍闰年的来历,既对学生进行了数学文化渗透,又体现了学科间的整合。

4. 运用新知,发展思维

(1)火眼金睛辨对错。正确打"√",错误打"×"。

①2 月的最后一天是 2 月 30 日。　　　　　　　　　　(　　　)

②大月都是单数月,小月都是双数月。　　　　　　　　(　　　)

③大月有 31 天,小月有 30 天。　　　　　　　　　　(　　　)

(2)综合应用,解决教材练习十七中的下列问题。

①2015 年 2 月 14 日早晨,牛奶还能喝吗?

②学习机今天坏了,在保修期内吗?

③灭火器从哪年开始必须进行检验?

【设计意图】生活中有关保质期、生产日期、保修期等问题情境,能够让学生真真实实地感受到"年、月、日"就在他们身边,体会数学知识与生活的联系;同时,教材中练习栏目的设计考虑了知识的辨析和应用,有坡度、有层次,既关注基础,又关注发展,能激发学生学习兴趣,引起学生思考,达成教学目标。

5. 回顾梳理,延伸课外

(1)把本节课的知识绘制成思维导图。

(2)反思本节课知识,还有什么困惑?

【设计意图】经验 + 反思 = 成长。组织学生对"年、月、日"的知识进行回顾梳理,并制作思维导图,能促进学生对自身知识体系的认识与建构;同时组织学生对本课知识进行反思,使其产生新问题、新思考,以问题驱动学生继续学习,让学生带着问题走出课堂,使学生的学习从课堂延伸至课外,让学习效果最大化。

(十)板书设计

年、月、日

一年有 12 个月

每月有 31 天的是:1 月、3 月、5 月、7 月、8 月、10 月、12 月。(大月)

每月有 30 天的是:4 月、6 月、9 月、11 月。(小月)

二月份:28 天　平年(365 天)　　　29 天　闰年(366 天)

【设计意图】板书是课堂的"眼睛",是教学的灵魂,为课堂教学起到导航的作用,本节课通过板书,不仅能让学生清晰地看到本节课的知识点、重点及难点,还有利于学生形成完整的知识体系和思维导图。

三、《平行四边形的面积》教学设计

(一)教学内容

人教版《数学五年级上册》第 88 ~ 91 页。

(二)教学思想

《平行四边形的面积》一课的教学是在学生已经掌握了长方形的面积和平行四边形特征的基础上,再安排学习平行四边形的面积计算的。要使学生理解、掌握好平行四边形面积计算公式,必须以长方形的面积和平行四边形的底和高为基础,运用迁移和转化思想,建构平行四边形的面积计算公式这一新知识。另外,平行四边形的面积计算公式的掌握,与学习三角形和梯形的面积计算公式有着直接的关系。《义务教育数学课程标准(2011 年版)》要求,在教学活动中,教师要创造性地使用教材,积极开发、利用各种教学资源,为学生提供丰富多彩的学习素材。教师要在把握和吃透教材的基础上活用教材、改组教材、拓展教材,关注儿童生命成长及内驱力激发。因此,在本课教学中要创造性地使用教材资源,选择贴近学生生活且有趣的学习内容,顺学而导、因"学"制宜,营造生动、活泼、轻松的学习氛围,使学生在愉悦的氛围中经历探索、自主建构平行四边形面积计算的过程。在学生进行充分活动与思考的基础上,经历"猜想—验证—反思—交流"的过程,适时引导学生反思,帮助学生逐步消除错误的经验,建立其对平行四边形面积计算的正确认知。《义务教育数学课程标准(2011 年版)》还指出:"有效的数学教学活动是教师教与学生学的统一,应体现'以人为本'的理念,促进学生的全面发展。"学生是学习的主人,学生天生具有自我发展、自我认知、自我完善的潜能。因此,在教学中要遵从"40 min 都是学生的时间"的观念,让出话语权、探究权,充分给予学生思考的时间与空间,让学生在自主建构、主动反思中建立平行四边形面积模型,并逐步让学生学会更清晰、更深入、更全面、更合理地思考,从"理性思维"走向"理性精神",达成教学目标。

(三)学情分析

五年级学生在不断的学习过程中已经具备了一定的观察能力、分析交流能力,在进行小组合作和交流时,大多数学生能较清晰地表达出自己的主张和见解,绝大部分学生愿意通过自主思考、小组内和班级范围内交流的学习方式来提出自己对问题的认识。但在学习中,教师必要的引导与帮助也是不可缺少的外力因素。学生已经掌握的平行四边形特征和长方形面积的计算方法,都为本节课的学习奠定了坚实的基础。但是小学生的空间想象力不够丰富,对平行四边形面积计算公式的推导有一定的困难。

(四)教学目标

(1)通过学生自主探究、动手操作推导出平行四边形的面积计算公式,能正确求平行四边形的面积。

(2)让学生经历平行四边形的面积计算公式的推导过程,通过猜测、操作、观察、比较,发展学生的空间观念,渗透转化的思想方法。

(3)培养学生的分析、综合、抽象、概括和解决实际问题的能力;使学生感受数学与生活的联系,培养学生的数学应用意识,体验数学的实用价值。

(五)教学重点、难点

(1)教学重点:探究并推导平行四边形的面积计算公式,并能正确运用。
(2)教学难点:平行四边形的面积计算公式的推导方法——转化与等积变形。

(六)教学方法

基于学生的认知基础和已有学习经验,以转化思想方法感悟为主线,用核心问题驱动学生深度思考,采取"创设情境,引发思考;大胆猜测,自主探究;动手操作,建构模型;运用知识,解决问题;回顾梳理,延伸课外"的教学策略来达成教学目标。

(七)教学准备

多媒体课件、平行四边形卡纸、格子图、三角尺等。

(八)教学课时

1学时。

(九)教学安排

1. 创设情境，引发思考

创设问题情境:为了绿化校园,学校请工人为一块空地铺上绿色的草皮,工人们要准备多少平方米的绿色草皮呢? 你们能帮助工人解决这个问题吗? 你需要知道哪些数据?

【设计意图】创设学生熟悉的问题情境引发学生认知冲突。认知冲突是学习发生的重要因素,也能驱动学生思考,激发学生学习探究的欲望。

2. 大胆猜测，自主探究

(1)尝试平行四边形的面积计算方法。

师:(课件出示学具)瞧,这是一张学具纸,上面有一个平行四边形,你能想办法求出它的面积吗? 拿出你的尺子,量出你所需要的数据(精确到整厘米数),然后计算面积。(请两位同学演示2种不同的做法)

师:现在老师看到黑板上有2种不同的做法,第一种 $7 \times 5 = 35(\text{cm}^2)$,第二种 $7 \times 3 = 21(\text{cm}^2)$ 。这2种做法,你赞成哪种呢? 自主验证。

(2)思考为什么"底×高"有道理? "底×邻边"不正确又是什么原因? 学生思考并交流。

师:先来看第一种算法,"7×5"也就是用底乘它的邻边求出这个平行四边形的面积(师向生展示教具)。如果老师把它取下来,像这样一拉(往下拉动平行四边形框架,使其面积变小),发生了怎样的变化? (生答:面积变小了。)底和邻边的长度变了吗? (生答:没有)。那现在这个平行四边形的面积怎样算? (学生发现问题:用底乘邻边不合理,因为平行四边形具有不稳定性,将它拉动后,底和邻边没有变,它们的乘积也不会变,而平行四边形的面积却在发生变化。)

【设计意图】以问题为内驱力,拨动思维之弦,激发探究欲望,利用学生思维的负迁移产生思维的碰撞,激发认知需求,引发学生深入思考。弗赖登塔尔指出:反思是数学思维活动的核心和动力,引导学生思辨、互动交流、质疑解惑,能加深学生对转化思想方法的理解,使学生从感性认识向理性认识提升,还能促进学生乐学、好学、会思、善思的良好思维品质。

3.动手操作,建构模型

(1)验证"底×高"法。

请大家小组合作,利用手中的平行四边形卡纸和剪刀,进一步深入研究,想办法剪一剪、拼一拼,把平行四边形转化成我们学过的图形(长方形)来求平行四边形的面积。4人小组活动(师巡视)。

(2)小组汇报,投影展示剪、移、拼的过程。要求听的学生有不明白的地方可以提出来;要求汇报的学生投影展示转化过程,并用自己的语言边转化边说是怎样转化的。

(3)师:为什么要沿高剪开?(生答:因为长方形的四个角都是直角,所以要沿着平行四边形的高剪开。)

(4)学生汇报,对比建模。

师:观察拼出的长方形和原来的平行四边形,你有什么发现?

长方形的面积=长×宽,平行四边形的面积=底×高,平行四边形的面积计算公式可以写成"$S = a \cdot h$"或"$S = ah$"。

(5)介绍我国对割补法研究的历史及数学家刘徽,激发学生的爱国热情。

【设计意图】《义务教育数学课程标准(2011年版)》指出:"数学活动经验的积累是提高学生数学素养的重要标志。帮助学生积累数学活动经验是数学教学的重要目标,是学生不断经历、体验各种数学活动过程的结果。数学活动经验需要在'做'的过程和'思考'的过程中积淀,是在数学学习活动过程中逐步积累的。"本环节让学生通过动手操作、动脑思考、比较辨析、自主推导、归纳建构等过程,经历由特殊到一般的推理过程,深刻认识到平行四边形的面积与它的高有关,发现长方形与平行四边形的关系,帮助学生建构平行四边形的面积计算模型,积累数学活动经验,并借助"刘徽割补法"面积的感悟转化思想方法。

4.运用知识,解决问题

(1)师:既然我们已经推导出平行四边形的面积计算公式,你们现在能求出这块草地的面积吗?需要知道哪些数据?(课件展示,底为7 m,高为3 m的平行四边形空地。)

（2）一个平行四边形的停车位底为 5 m，高为 2.5 m，10 个这样的停车位，占地面积是多少？

（3）计算下图中平行四边形的面积。

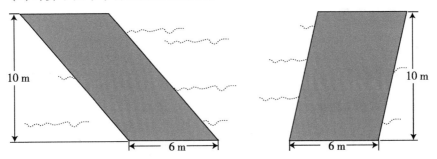

【设计意图】本环节练习设计注重知识的辨析和应用，有坡度、有层次，既关注基础，又关注发展，不仅让学生感受到数学与生活的联系，还能让学生在迁移运用中感悟转化思想，实现举一反三、触类旁通的效果。

5. 回顾梳理，延伸课外

（1）师：通过这节课的学习，你有什么收获？还有什么困惑？

（2）运用"割补儿歌"总结本节课，继续激发学生的求知欲望和爱国情怀。

割补儿歌：国人自古多智慧，割补方法渊源长。不重不漏巧转换，总的面积不会变。古人成就收九章，转换思想美名扬。意气少年当努力，华夏儿女铸辉煌。

【设计意图】数学的学习过程是一个从薄到厚，再从厚到薄的过程。用"割补儿歌"帮助学生回顾学习过程，能加深学生对转化思想的感悟与理解，促进学生对自身知识体系的认识与建构。

（十）板书设计

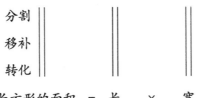

【设计意图】板书是一节课必不可少的部分,起画龙点睛的作用。它将本节课的重点、难点、关键点条理清晰地展示出来,使学生一目了然,便于学生记忆与理解,形成知识结构体系。

四、《数学广角——搭配(一)》教学设计

(一)教学内容

人教版《数学二年级上册》第 97 页例 1。

(二)教学思考

《数学广角——搭配(一)》是新增加的内容,其目的在于将排列、组合的思想方法渗透给学生,为以后学习统计与概率知识打下坚实的基础。根据低年级学生的特点,为了调动起学生学习的积极性,让学生在轻松愉快的气氛中学习,本节课笔者创设了"解密码""智解超级密码锁""给绥阳县城区图涂色""合影留念""握手""解终极密码锁"等一系列的活动,由浅入深地开展学习探究,实现课堂教学生活化、生活知识数学化、探究过程趣味化,逐步把"排列"的思想方法渗透给学生,让学生在不知不觉中感知有序、深化方法、学会表达,在思考和体验的过程中学会合作、交流,在潜移默化中受到数学文化的熏陶,帮助学生形成理性思维,逐步培养学生的数学素养。

(三)教学目标

(1)通过观察、猜测、操作、验证等活动,找出简单事物的排列数,学会数学思维方式。

(2)经历探索简单事物排列规律的过程,初步培养学生有序、全面思考解决问题的意识,培育学生理性思维精神。

(3)使学生在数学活动中养成与他人合作交流的良好习惯,初步学会用数学的思维思考、用数学的思维观察、用数学的语言表达。

(四)教学重点、难点

(1)教学重点:经历探索简单事物排列规律的过程,渗透"排列"的数学思想。

(2)教学难点:引导学生发现和应用规律,做到不重复、不遗漏地找出事物的排

列数。

(五)教学准备

课件、数字卡片、字母头饰等。

(六)教学过程

1.创设情境，激发兴趣

(1)课前采访，敢于表达。

师：老师想采访一下大家，请问你叫什么名字？几岁了？家住哪里？（多采访几个并故意重复采访，让学生发现重复了。）

师：我要怎么采访才不会乱呢？（指着几名学生说：从前往后或从左往右按顺序采访？）

(2)创设情境，引入课题。

师：今天老师带你们去一个有趣的地方，是哪里呢？（课件出示"数学广角"图片）数学广角里面有很多的数学知识，现在就让我们一起走进数学广角吧！

【设计意图】课前以采访的形式营造轻松、和谐、平等的课堂氛围，与学生亲切交流，让学生敢于表达，同时让学生初步感知"有序"的重要性，为新课学习做好铺垫，埋下伏笔。又创设了"今天要去'数学广角'这个漂亮的城堡玩"的情境，激发学生强烈的探究热情。

2.实践操作，感知排列

活动一：用1和2组成两位数。

师：数学广角漂亮吧！但大门被一把密码锁给锁住了。同学们有信心打开它吗？

请看提示：密码是由1和2两个数字组成的两位数。（引导学生齐读题目）

师：密码可能是哪个数？（生答，师板书）我们先输入12，门打开了吗？（生答：没有。）那密码一定是——（生答：21。）

师：那我们要怎样才能把12变成21呢？（生答：交换位置。）（课件演示打开大门）

活动二：用1、2和3组成两位数。

(1)过渡谈话，引出例1。

师:数学广角的大门真的打开了。不好,里面还有一道门,门上是一把超级密码锁。请看提示:密码是由1、2、3这3个数字组成的两位数。同学们还能打开它吗?(生齐答:能。)

学生齐读题目:用1、2和3组成两位数,每个数的十位和个位不能一样,能组成几个两位数?(课件出示例1)

师:从题目里面你知道了什么?"每个数的十位和个位不能一样"是什么意思?

(2)尝试学习,动手操作。

师:那密码到底是哪个两位数呢?我们必须先弄清楚究竟能组成几个两位数。我们先把合作要求齐读一遍吧!(课件出示:拿出写着"1、2、3"的3张数字卡片,同桌两人合作,一人摆,一人在作业本上写出来,最后数出一共摆出了几个两位数。完成后,做好上台汇报的准备。)

(3)展示交流,发现方法。

①观察发现,感知有序。

出示多写的作品,引导发现并划掉重复的。(板书:不重复)

出示漏写的作品,引导发现并补上遗漏的。(板书:不遗漏)

师:那我们要怎样才能做到不重复、不遗漏呢?(生答:按顺序。)

师:能具体说一说我们要按怎样的顺序拿数字卡片出来摆才能做到不重复、不遗漏吗?(生答)

②汇报展示,引导表达。

师出示用交换法的作品,让学生观察。你觉得他们写得有顺序吗?(生答:有顺序。)他们究竟是按怎样的顺序摆出来的呢?让学生思考。(师板书)

指定学生汇报,看看他们是按怎样的顺序来摆的。一学生说,另一学生用数字卡片在黑板上摆一摆,边说边摆。

师:交换这个词语用得真好。(板书:交换)

师:刚才我们用交换的方法按从小到大的顺序做到了不重复也不遗漏,那我们可不可以按从大到小的顺序来摆呢?指定学生上台边说边摆。

师出示固定法的作品。师:你觉得他们写得有顺序吗?(生答:有顺序。)他们究竟是按怎样的顺序摆出来的呢?请认真思考。(师板书)

指定学生汇报:一学生汇报,另一学生用数字卡片在黑板上摆一摆,边说边摆。(板书:固定)

师:我们已经学会了按顺序固定十位的方法,那我们可不可以按顺序先固定个位呢?(生答:可以。)谁来说一说?指生上台边说边摆。

③小结方法,揭示课题。

师:刚才我们已经知道了用交换法和固定法按顺序摆数字卡片,都能做到不重复和不遗漏。是的,我们只要按照一定的顺序思考问题,就能得出不重复、不遗漏的结果。

师:同学们,刚才我们像这样把数字或其他物体按顺序来摆,做到不重复、不遗漏的方法在数学上就叫搭配。

板书:搭配(一)(课件演示打开大门。)

【设计意图】创设了进入数学广角需要解2道密码锁,以小组合作的方式让学生经历"观察—猜测—实践—验证"等数学活动,培养学生有序、全面思考解决问题的意识,学会数学思维方式,养成与他人合作交流的良好习惯,在思考和动手操作中初步学会用完整的数学语言表达解决问题的大致过程和结果,渗透"排列"的数学思想。

3.联系生活,巩固提升

活动三:涂色问题。

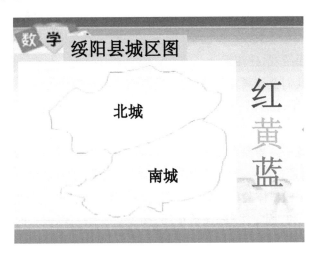

师:(课件出示绥阳县城区图)从图中你发现了什么?(生答)

师:我们可不可以用红、黄、蓝3种颜色给图上的北城和南城涂上不同的颜色呢?(生答:可以。)你想怎么涂?(生答)这是一种涂法。那究竟一共有多少种涂色方法呢?

师:请同学们打开数学书97页做一做,用交换法和固定法都可以。

师:说说你是怎么涂的。

学生1汇报。(交换法)

学生2汇报。(固定法)

师:还有用其他方法涂的吗?(生答:有。)说说你是怎么涂的。

学生3汇报。

师:小朋友们真厉害!已经学会绘制地图了。

活动四:照相问题。

师:我们很快就游览完了漂亮的数学广角,让我们到大门前照张相留个纪念吧!

(课件出示问题:3名同学站成一排照相,有多少种不同的站法?)

师:我们请坐得最整齐的3名同学到讲台上照张相。为了使这张相照得更有意义,我们来戴个字母头饰。摄影师们拿出你们的相机给他们照张相吧!这是一种站法,我们把它记录下来吧!我们应该怎么记录呢?(生答:用头上的字母表示。)

还有不同的站法吗?指几名生回答。(师板书:ABC、ACB、BAC、BCA、CAB、CBA)

师:一共有6种不同的站法。刚才我们按顺序用固定法和交换法做到了不重复和不遗漏,你们真是太棒了!

活动五:握手游戏,感知组合。

师:照完相我们就该离开了,走的时候我们是不是应该握手告别呢?3个小朋友每2人握一次手,他们一共需要握几次手呢?(让讲台上的3位小朋友握手,台下学生答)

师:他们究竟一共需要握几次手呢?这是我们下节课要研究的问题。

【设计意图】通过颜色搭配、合影留念的情境创设,激发学生解决问题的欲望,在独立思考、动手操作体验后引导学生用完整的数学语言进行表述,使学生在游戏中感受"交换法"和"固定法"的灵活运用,初步渗透用字母表示的便捷性,感受数学的简洁美。

4. 总结延伸,畅谈感受

师:同学们今天在数学广角玩得高兴吗?(生答:高兴。)那你们今天在数学广角学到了什么?有什么收获呢?(生汇报)

师:是的,我们只要按照一定的顺序思考问题,就能得出不重复、不遗漏的结果。今天,我们通过合作交流,学到了这么多关于搭配的知识,在以后的学习和生活中,希望大家还能像今天这样经常交流,相互配合。

【设计意图】通过回顾本节课所学到的知识,在课堂小结中培养学生的语言表达能力,进一步明确有序思考的重要性,教育学生经常交流,相互配合,注重了数学学习方法的有机渗透。

5. 课外拓展,意犹未尽

师:智解终极密码锁,密码是由 1、2、3、4 这 4 个数字组成的两位数,一共又能组成多少个不同的两位数呢? 请小朋友们回去认真思考,然后把你的想法告诉爸爸妈妈,好吗? (生答:好。)

【设计意图】课外拓展题"智解终极密码锁"使本节课的情境首尾呼应,在高潮中结束本节课的教学。让学生回去认真思考,然后告诉爸爸妈妈,家校联动,拓展练习空间,充分利用家庭这个"第二课堂",让学生在与家长的平等交流中发展语言表达能力,培育学生的探究精神。

(七)板书设计

数学广角——搭配(一)

交　换　　定　位

	交换	定位	
	1 2	1 2	
有顺序	2 1	1 3	
	1 3	2 1	ABC、ACB
不重复	3 1	2 3	BAC、BCA
	2 3	3 1	CAB、CBA
不遗漏	3 2	3 2	
	6 种	6 种	

五、"鸽巢问题"教学设计

(一)教学内容

人教版《数学六年级下册》第五单元《数学广角——鸽巢问题》例 1、例 2。

（二）教学目标

（1）通过猜测、操作、验证、观察、分析等数学活动,让学生经历"鸽巢问题"的探究过程,初步了解"鸽巢问题"的规律性,会解决简单的数学问题。

（2）经历从具体到抽象的探究过程,提高学生有根据、有条理地进行思考和推理的能力。

（3）通过"鸽巢原理"的灵活应用,提高学生解决数学问题的能力和兴趣,渗透数学文化和立德树人的教育。

（三）教学重点、难点

（1）教学重点:利用"鸽巢原理"解决简单的数学问题。

（2）教学难点:探索"鸽巢问题"的规律性,并对一些简单数学问题加以"模型化"。

（四）教学准备

课件、一次性杯子（笔筒）、小棒（铅笔）、实验记录单。

（五）教学过程

1. 创设情境，激发冲突

（1）出示情境,激趣猜谜。（课件）

师:这是我校的 3 名同学,你们能猜出他们的性别吗?

生:可能有 1 个是男生

师:"可能"这个词用得很好。

师:谁能用上"总有"和"至少"再猜一猜吗?

生:总有一种性别至少有 2 人。

师:同学们同意他的说法吗?

生:同意。

(2)揭晓答案,板书课题。

师:这里蕴含了一种典型的数学问题——鸽巢问题。

板书:鸽巢问题。

【设计意图】教师要创设有意义、有价值的活动情境,从学科知识出发,在思考与解决问题的同时带着学生逐步走向课本。本导入环节创设与学习密切相关的教学情境,旨在激发学生认知冲突,为新知学习埋下伏笔、做好铺垫,使学生体验数学知识中蕴涵的思想和方法。

2. 合作探究竟,实验出真知

(1)具体操作,感知规律。

教学例1:把4支铅笔放进3个笔筒中。不管怎么放,总有一个笔筒里至少有2支铅笔。为什么?

师:"总有"和"至少"分别是什么意思呢?

生:"总有"就是一定有,"至少"就是最少。

师:总有一个笔筒里至少有2支铅笔,换一句话可以怎么说?

生:一定有一个笔筒里最少有2支铅笔。

生:一定有一个笔筒里的铅笔数在2支或2支以上。

操作验证,总结现象:借助学具,小组合作实验,填写实验记录单。

小组汇报,分享实验:学生汇报,教师板书。

板书:(4,0,0)(3,1,0)(2,2,0)(2,1,1)。

师:我们一起来看这些摆法,凭什么说"总有一个笔筒里至少有2支铅笔"呢?

生:一共有4种摆法,每一种摆法都有一个笔筒里的铅笔数在2支或2支以上。所以"不管怎么放,总有一个笔筒里至少有2支铅笔"。

【设计意图】通过具体的操作,列举所有的情况后,验证"总有一个笔筒里至少有2支铅笔"。活动是体现过程的载体之一。让学生经历体验、猜测、验证、交流讨论等学习活动及"数学证明"的过程,初步建立起"鸽巢问题"的数学模型。

(2)假设法,用"平均分"来演绎"鸽巢问题"。

师:除了像这样把所有的情况都列举出来,我们能不能找到一种更为直接的方法,也能证明这个结论?

生:我们可以假设在每个笔筒里先放1支铅笔,剩下的1支不管放进哪一个笔筒里,总有一个笔筒里至少有 2 支铅笔。

师:为什么要在每个笔筒里先放 1 支铅笔呢?

生:这样做就是为了让每个笔筒里的笔尽可能少,看看有没有和题目不一样的情况。

师:每个笔筒里先放 1 支,还剩下 1 支,其实就是将铅笔平均放进 3 个笔筒里后,还剩下 1 支。可以写出一个相应的数学算式吗?

生:$4 \div 3 = 1 \cdots\cdots 1$。其实就是每个笔筒里已经有 1 支了,再将剩下的这 1 支放进去,就是 1 加 1 等于 2 了。

师:平均分已经使每个笔筒里的尽可能少了,这样都已经符合题意结果了,其他情况就不用再论证了。

【设计意图】经历从直观摆放过渡到抽象思考,旨在培养学生数学逻辑思维能力。让学生积极自主探索,寻找不同的证明方法,通过枚举法和假设法的对比学习,渗透假设法是解决"鸽巢问题"的最优策略。

3. 思维碰撞,构建模型

(1)触类旁通,加深感悟。

师:把 5 支铅笔放进 4 个笔筒,总有一个笔筒里要至少放进(　　)支铅笔。10 支铅笔放进 9 个笔筒呢? 100 支铅笔放进 99 个笔筒呢?

生:用假设法都可以证明至少放进 2 支。

生:只要放进的铅笔数比笔筒数多 1,就总有一个笔筒里至少放进 2 支铅笔。

(2)举一反三,初具模型。

教学例 2:把 7 本书放进 3 个抽屉里,不管怎么放,总有一个抽屉里至少放进 3 本书。为什么?

师:你还能用刚才的经验来解决这个问题吗?

生:我们可假设先在每个抽屉里放进 2 本书,这样还剩下 1 本书,无论将剩下的这本书放进哪个抽屉里,就总有一个抽屉里至少放进 3 本书。

生:可以用除法来验证,因为 $7 \div 3 = 2 \cdots\cdots 1,2 + 1 = 3$。所以总有一个抽屉里至少放进 3 本书。

师:把 8 本书放进 3 个抽屉里呢? 把 15 本书放进 4 个抽屉里呢?

生:我们都可以用假设法将书平均放进抽屉里。

生:8 本书放进 3 个抽屉里,可假设先在每个抽屉里放进 2 本书,还剩下 2 本,剩下 2 本书再平均放进 2 个抽屉里,其中 2 个抽屉又放进 1 本书,这样就是 3 本书了。

生：因为 $8 \div 3 = 2 \cdots \cdots 2, 2 + 1 = 3$。所以总有一个抽屉里至少放进 3 本书。

生：我也认为 $15 \div 4 = 3 \cdots \cdots 3, 3 + 1 = 4$。所以总有一个抽屉里至少放进 4 本书。

师：你们有什么发现呢？

生：我发现至少数都是将商加 1。

【设计意图】对规律的认识是循序渐进的，学生经历了梯式的学习发展过程。从证明现象到解决问题，从解决一个问题到解决一批问题，从解决一批问题再到一类问题。学生经历了由点到线，再由线到面的模型建构，积累了一定的数学基本活动经验、基本思想。

(3)领悟文化，立德树人。

师：同学们，今天这类典型的数学问题叫"鸽巢问题"。（课件）鸽巢问题是组合数学中的一个重要原理，它最早由德国数学家狄里克雷提出并运用于解决数论中的问题，所以该原理又称"狄里克雷原理"。追根溯源："鸽巢问题"流传着这样一个经典故事。播放《二桃杀三士》的视频。

【设计意图】数学是人类的一种文化活动，不但是一门课程，更是一种文化精髓。领悟数学文化，发展学生数学核心素养，落实立德树人。从单一的知识学习提升到多元的素养发展，由教学转向教育，让学生学有营养、有价值的数学。

4. 问题解决，模型运用

(1)把 11 本书放进 4 个抽屉中，不管怎么放，总有一个抽屉至少放进 3 本书。为什么？

(2)6 只兔子要住 3 间房，总有一间房至少住 2 只兔子。为什么？

(3)除去大王、小王，随意抽 5 张扑克牌，总有一种花色至少有 2 张。为什么？

5. 梳理知识，分享收获

(1)同学们通过这节课的学习收获了什么？

(2)出示"鸽巢问题"记忆歌。

鸽巢问题记忆歌

鸽巢问题并不难，分清鸽子和鸽巢。

所有鸽子进鸽巢，解决问题用除法。

有余至少商加一，无余至少则是商。

（六）板书设计

总有一个鸽巢至少飞进（　）只鸽子

4 ÷ 3 = 1 …… 1	1 + 1
7 ÷ 3 = 2 …… 1	2 + 1
8 ÷ 3 = 2 …… 2	2 + 1
15 ÷ 4 = 3 …… 3	3 + 1
鸽子数 ÷ 鸽巢数 = 商 …… 余数	商 + 1

六、《数学广角——数与形（一）》教学设计

（一）教学内容

人教版《数学六年级上册》第107页例1。

（二）教学目标

（1）让学生经历观察、操作、验证、归纳等活动，发现图形中隐含着数的规律，培养学生数形结合的思想意识。

（2）帮助学生借助"形"来直观感受形与数之间的关系，体会数与形的联系，进一步积累数形结合解决问题的活动经验。

（2）体验数形结合的数学思想方法的价值，激发学生用数形结合思想方法解决问题的兴趣，让学生感受数学文化的魅力，体会数学家的精神，受到数学美的熏陶。

（三）教学重点、难点

（1）教学重点：借助"形"感受其与"数"之间的关系，引导学生探索、发现规律，培养学生用数形结合的思想解决问题的能力。

（2）教学难点：在探究过程中积累基本的活动经验，感悟数形结合、归纳推理的数学思想。

(四)教学准备

课件、正方形点阵图教具与学具。

(五)设计特色

(1)整堂课以 $5 \times 5 = 25 (cm^2)$ 的正方形为主线贯穿始终,引发学生深度思考,让学生充分感受数形结合的好处。

(2)利用"融入式"的方法渗透数学文化,让学生感受数学家的精神,受到数学美的熏陶。

(六)教学过程

1.创设情境,引出新知

师:请看这幅图(出示 1 个 5 cm×5 cm 的正方形图案),从形的角度观察,这是一个什么形? (生答:正方形。)从数的角度观察,可以用哪一个数来表示? (生答:25。)也就是说这幅图里不仅有形,而且还隐藏着数是吗? 其实数与形之间有着密切的关系,在很久以前,古希腊的数学家们就对数与形进行了深入的研究,今天这节课我们也学着古人一起来研究研究"数与形"吧。(出示并板书:《数与形》)

【设计意图】用孩子们熟悉的一个正方形为突破口引入新课,让学生初步感知数与形之间的关系,明确本节课的任务。

2.探究新知,发现规律

师:同学们,25 在这里表示什么?

生:这个正方形的总点数。

师:那你还能从这个正方形中找到其他数吗? (生答:能。)这样吧,请同学们先认真想一想,再拿出桌子上的学具纸,把你找到的数在学具纸上连一连或者圈一圈,看能不能把你找到的数用一个有规律的算式表示出来。

师:有的同学已经开始动笔了,有的同学正在思考。

师巡视,收集有代表性的学生作品。

师:做完的同学可以和你周围的同学交流一下,互相说一说。

师:同学们,刚才老师在巡视的时候,发现了几种很独特的找数方法,我们一起来看一看吧!

展示汇报:

(1)先出示一张拐弯找的学生作品。师:大家看明白他找出的是哪些数了吗? (生答,师板书:1、3、5、7、9)

师:他是怎么找出这些数的? (生答:拐弯找。)我们一起用手在图形里把他找到的加数指一指吧! (师生一起指一指)

师:写成有规律的算式就是——(生说,师板书:$1+3+5+7+9$)

(2)再出示一张横着找的学生作品。师:那这位同学找出的又是哪些数呢? (生答:5。)有几个? (生答:5个。)那他又是怎么找出这些数的呢? (生答:横着找。)5个5算式是——(生答:5×5。)(师粘贴"5×5")

师:这两种找法一样吗? (生答:不一样。)你发现了什么?

学生1:找数的方法不同,找到的数就不同,写出的算式也就不一样,但他们找到的数一样多,都是5个数。

学生2:这2个算式的得数是相等的,都等于25。(师粘贴"$=25$")

师:真了不起,你们不仅找到了它们的区别,而且知道了它们的联系。那5×5还可以怎么表示呢?

学生:5×5还可以表示成5的平方。(师边说边贴"5^2")

师:同学们请看,老师将横着找的作品和"$5\times5=25$"取下,把"5^2"移到"$1+3+5+7+9=$　　"的后面,可以吗? (生答:可以。)

师:也就是说,这个正方形里隐藏着$1+3+5+7+9=5^2$这样一个算式。这个算式里的加数有什么特点?

学生1:都是奇数。

学生2:这些加数都是连着的奇数。

师:那5^2里的这个5,你还能在这个正方形中找到吗?

生:能,就是这个正方形的边长。

师:那是不是所有的正方形中都蕴藏着这样一个有规律的算式呢? 我们再来看看这3个正方形。(展示学具)还是用拐弯找的方法,第一个正方形,拐弯找算式是$1+3=4$;第二个正方形,拐弯找算式是$1+3+5=9$;第三个正方形,拐弯找算式是$1+3+5+7=16$。

师:看来,真的每个正方形中都蕴藏着一个有规律的算式。我们再来观察一下这些算式里的加数,有什么共同的特点吗?

学生1:这些算式里的加数都是奇数。

学生 2:这些加数都是连着的奇数。

师:我们把像这样连着的奇数叫做连续奇数。(师板书:连续奇数)

师:请认真观察这些算式的得数,你发现了什么? 如果你有困难,可以结合上面的图形来想。

生:我发现上面图形的边长是几,得数就是几的平方。

师:能具体说一说吗?

生:第一个正方形,边长是 2,就是 2^2;第二个正方形,边长是 3,就是 3^2;第三个正方形,边长是 4,就是 4^2;第四个正方形,边长是 5,就是 5^2。(指着图形说)

师:真了不起! 你都能借助形来分析数了。这让我想起了古希腊一个伟大的学者毕达哥拉斯。毕达哥拉斯学派把像 4、9、16、25 这样的数称为正方形数。现在我算是知道古人为什么把它们称为正方形数了。因为 $4 = 2^2$,$9 = 3^2$,$16 = 4^2$,$25 = 5^2$。(课件出示)

师:如果我想看到这些算式,很快就知道得数,你有什么好办法吗? (生继续思考)这样吧! 前后两桌 4 个人为一个小组,先在组内互相说一说,开始吧!

生:有几个加数就是几的平方。

师:我没听明白,你能到讲台上来给大家说一说吗?

学生上台边指图形边说:1 +3 是 2 个加数,就是 2^2;1 + 3 + 5 是 3 个加数,就是 3^2;1 + 3 + 5 + 7 是 4 个加数,就是 4^2;1 + 3 + 5 + 7 + 9 是 5 个加数,就是 5^2。

师:也就是说,有几个连续的奇数相加,得数就是几的平方,是吗? (生答:是的。)同学们都明白了吗? (生答:明白了)难道这还不能获得同学们的掌声吗? 请把他的这个发现和你的同桌互相说一说,我把它记录在黑板上。开始吧!

学生同桌互相说。(师板书:连续奇数相加的和等于加数个数的平方)

师:看来大家都掌握了这个规律。那么老师就用这个规律来考考你们。3 + 5 + 7 等于什么?

学生 1:等于 9。因为它是 3 个连续奇数相加,所以是 3^2。

学生 2:不对,3 + 5 + 7 应该等于 15。

师:啊! 难道咱们刚才得出的规律是错的? 不对吗?

生:老师,这个规律前面要加上一句"从 1 开始",因为我们的每一个算式都是从 1 开始的。

师:看来咱们班的同学还是非常严谨的(露出赞许的表情),那老师将这个规律写完整。(板书:从 1 开始)

师:我们加深一下对这个规律的印象,同学们齐读一遍吧!(学生齐读板书内容。)现在我总算可以放心地考考你们了。

【设计意图】"动手操作、自主探究"是新课程改革提倡的学习方式,教学要给学生留有足够的实践活动空间,让每个学生都有机会参与活动。因此,本环节中让学生充分动手操作,进一步体验如何将数和形结合,体会数和形之间的紧密联系,感受"以数助形,以形解数",使学生通过数与形的对照得出关于数的规律。

3. 运用规律,解决问题

练习1:$1+3+5+7+9+11+13=($ $)^2$。

师:我发现刚才有同学在数,你们在数什么?

生:我们在数加数的个数,这里是从 1 开始的连续 7 个奇数相加,所以是 7^2。

练习2:$1+3+5+7+\cdots\cdots+99=($ $)^2$。

师:怎么办呢?还能用数的方法吗?

生陷入思考。

生:应该是 50^2。因为 1 加到 100 共有 100 个数,这 100 个数中有一半是偶数,一半是奇数,所以是 $50^2=2500$。

师:同学们,当数与形完美地结合在一起时,我们就得出了这样的一个规律,而这个规律还能帮助我们解决很多复杂的问题。

【设计意图】通过两个不同层次的练习让学生进一步体会数形结合的特点,感受用形来解决有关数的问题的直观性和便捷性。在练习中让学生充分动脑、动手、动口,运用数形结合思想在交流中发现特点,解决问题。

4. 启智明思,拓宽思维

师:今天我们要感谢这个正方形,是它让我们将数与形完美地结合在了一起。刚才我们研究了这位同学拐弯找的方法。(出示斜着找的学生作品)我们再来看看这位同学的作品。你能看懂他的想法吗?(生答:能。)这又能得出怎样的算式呢?

生:算式是 $1+2+3+4+5+4+3+2+1=5^2$。(师板书:$1+2+3+4+5+4+3+2+1=5^2$)

师:这种算式与图形之间又存在着怎样的联系呢?相信你一定会有新的发现。我们先一起来完成这个表。

师:谁来说一说?第一个正方形斜着找,算式是 $1+2+1=2^2$;第二个正方形斜

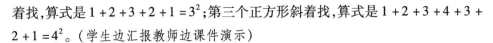

着找,算式是 $1+2+3+2+1=3^2$;第三个正方形斜着找,算式是 $1+2+3+4+3+2+1=4^2$。(学生边汇报教师边课件演示)

师:当我们将这个正方形斜着找时得到了这样的算式,这些算式又有怎样的规律呢?

生:我发现这个算式里最大的数是几,就是几的平方。

师:我们一起来验证一下吧!

师生一起验证。

师:如果将这些算式的后半部分去掉,就得到了这样的算式,这又能让你想到什么图形呢?

生:三角形。

师:真了不起,你都能根据数想到图形了。你是怎么想到的?

生:把算式的后半部分去掉,对于图形来说,就是把图形的后半部分去掉。

师:是这样吗?(课件演示)

【设计意图】引导学生利用数形结合思想继续探究,巧妙地引导学生发散思维,再次感受数形结合思想。

5.数史介绍,思想熏陶

师:你们和毕达哥拉斯学派的想法是一致的,他们把像 3、6、10、15 这样的数称为三角形数,除了三角形数还有我们刚学的正方形数、正五边形数、正六边形数。就在那个没有纸的年代里,毕达哥拉斯学派的学者们利用手中的小石子,在沙滩上摆呀、拼啦,去研究数和形之间究竟有着怎样千丝万缕的联系。

课件出示:

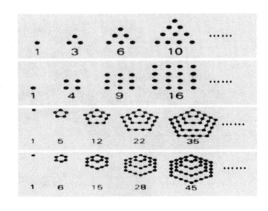

师:就是这个毕达哥拉斯学派,发现了一个伟大的定理——毕达哥拉斯定理。毕达哥拉斯定理是这样说的,在一个直角三角形中两条直角边（a、b）的平方之和等于斜边（c）的平方,即:$a^2 + b^2 = c^2$。a^2 让你想起了什么?

生:正方形的面积。

师:(课件演示毕达哥拉斯定理)对,a^2 就是以三角形的直角边（a）为边长的正方形的面积。b^2 就是以直角边（b）为边长的正方形的面积。c^2 就是以斜边（c）为边长的正方形的面积。

毕达哥拉斯定理:$a^2 + b^2 = c^2$

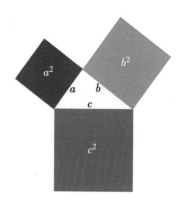

师:同学们是不是还是似懂非懂? 没关系,这个内容我们初中还会再见。这个定理就是数与形完美结合的典范,就是这个伟大的定理让我们得到了一棵毕达哥拉斯树,漂亮吧! 原来数学可以让我们的生活如此美好,请认真观察,你发现了什么?

课件出示:

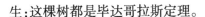

生:这棵树都是毕达哥拉斯定理。

师:是的,连接每一个树枝和树梢的都是毕达哥拉斯定理。其实在我们小学六年的学习中,见过很多的数与形的完美结合,我们一起来回顾一下吧。

课件演示,师解说:我们一年级学习《数的认识》时,借助小棒和计数器来帮忙认识数;学习《分数乘法》时,用图形来帮助我们理解知识点;学习《解决问题》时,画线段图来分析数量关系。

师:看了这些,你有什么感受?

生1:我觉得从一年级开始学习数学到现在,数与形都是形影不离的。

生2:我觉得以后我们还会学到很多数学知识,都离不开数与形,数和形是一家的。

师:也就是说,当我们解决"数的问题"遇到困难时,可以找"形"来帮忙;当我们解决"形的问题"遇到困难时,可以找"数"来帮忙。

【设计意图】在课堂上适时地渗透数学文化,使学生受到数学文化的熏陶,感受数学文化独特的魅力,是数学超越其知识本身带给学生的别样精彩。

6. 拓展延伸,总结全课

师:课堂上,我们通过拐弯找这个正方形得到了这样的算式(指算式 $1+3+5+7+9$),如果我们把算式里的每一个加数再增加1,就变成了 $2+4+6+8+10$ 这样的连续偶数相加,它又会与什么图形有关? 又能得到怎样的规律呢? 这是老师留给大家课后思考的问题。

师:在我们的学习中,有多少次数在帮助我们解释着形的含义,又有多少次形在直观地表达着数的内容。这让我想起了我国一位伟大的数学家华罗庚先生,对于数与形,他是这样说的:数缺形时少直观,形缺数时难入微。数形结合百般好,隔离分家万事休。

师:可见数形结合对我们数学的学习是很重要的(擦掉课题的"与"字,写上"结合"2字)。我们把它齐读一遍吧! (生齐读:数形结合)

师:这些伟大的数学家虽然已经离开了我们,但是他们宝贵的数学思想方法却永远地留给了我们,我们一定要努力学习,让这些优秀的数学传统文化得以延续和发展。

【设计意图】进一步启发学生课后利用数形结合的方法回去研究连续偶数相加的算式的规律,留给学生课后思考的时间和空间。通过数学家华罗庚先生的话,让学生明白数形结合的好处,在他们心里埋下传承和发展优秀数学传统文化的种子。

（七）板书设计

数与形（结合）

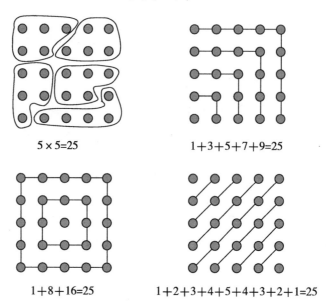

$5 \times 5 = 25$

$1 + 3 + 5 + 7 + 9 = 25$

$1 + 8 + 16 = 25$

$1 + 2 + 3 + 4 + 5 + 4 + 3 + 2 + 1 = 25$

从 1 开始，连续奇数相加的和就等于加数个数的平方。

第三章

农村小学数学文化渗透的成效

数学文化是人类文化的重要组成部分,是人类文明的火车头。数学文化的内容、思想、精神和方法深刻影响着社会的进步。当前,数学文化的教育价值得到了一批著名数学教育研究者的肯定。如张奠宙先生指出,当数学文化的魅力真正渗入教材,到达课堂,融入教学时,数学就会更平易近人,数学教学就会通过文化层面让学生进一步理解数学、喜欢数学、热爱数学。课题组通过在农村小学数学课堂教学中渗透数学文化,创编数学文化校本教材,开展数学文化专题课等实践,构建了农村小学数学文化课堂教学理念、策略及评价机制,为农村小学教师数学文化渗透提供了操作范式。

第一节 农村小学数学文化课堂教学理念

一、从数学"教学"迈向数学"教育"

数学到底要教给学生什么?笔者认为数学课堂不仅是知识的学习,同时要教会学生用数学的眼光去看待和分析问题,培养学生从小树立正确的人生观、价值观。因此,我们在数学教学中,应该由单一的数学知识的教学向多元的数学教育转变,从数学"教学"迈向数学"教育"。

（一）将数学课堂融入生活,感受学习数学的价值

数学源于生活,又服务于生活。数学教学要紧密联系学生的生活实际,从学生的生活经验和已有认知水平出发。教师要将数学课堂融入生活,努力挖掘生活中的数学素材,让学生参与创造数学和使用数学的生活体验,感受到学习数学的意义和价值。

在教学《克和千克》之前,可以安排一项特别的家庭作业,让学生收集有关质量的生活信息。有的学生进入超市去调查并进行记录,知道了1袋大米重25 kg,1袋方便面重60 g;有的学生在家长的指导下称量了身边一些物体的重量,知道了1桶桶装水重20 kg,1个鸡蛋重50 g,自己的体重是26 kg。教学时留足时间让学生进行分享交流,可以大大激发他们参与数学探究的兴趣。这样的活动可以使学生初步感知生活中一些常见物品的质量,能初步估计身边物体的质量,为新课的学习打下了坚实的基础。

数学教材呈现给学生的大多是抽象化、理性化、标准化的数学模式,我们就要将这些抽象的知识适当融入生活并具体化,这就可以增加学生使用数学的频率,使其构建一定的数学模式,感受到现实生活是一个充满数学的世界,从而更加热爱生活、热爱数学。

（二）开放课堂,把"教学过程"社会化

开展教学活动的主阵地是教室,因受到教学活动地点的限制,许多数学知识的学习显得枯燥乏味,学生在课后利用数学解决生活问题的能力较差。因此,我们应该根据教学的实际需要开放课堂,由室内向室外、由校内向校外、由课内向课外延伸,将教学过程社会化,让学生在实践活动中通过思考去获得数学知识。

1.开放课堂,让学生在社会环境中参与实践体验

学习经验是教不会的,只能让学生在自己的实践中感悟和积累,教师代替不了学生经验的生成和积累。所以,教学中必须将数学知识与生活结合,教学活动必须在学生体验的基础上进行再学习。体验数学是化抽象为具体的最佳途径。

在教学《测量》一课时,可带领学生走出校园,实地测量1 km的实际距离。这样学生通过实地测一测,走一走,体验到了1 km的路程长度。在教学《确定起跑线》一课时,可带领学生亲自去观察学校运动场跑道的设计和起跑点的确定。将学校的移动黑板搬到操场进行现场探究性学习,在边质疑边实践观察中合作完成学

习。通过这样开放性的探究活动,教学过程既轻松又实在。

2.开放课堂,让学生融入社会环境中参与实践调查

实践出真知,没有调查就没有发言权,没有调查就发现不了问题。让学生参与数学调查、收集数学信息是一种有效的学习方式,有助于培养学生的应用意识和创新意识。教学中根据教学实际需要,教师有计划、有目的地组织学生进行社会调查,反馈收集信息,引导学生进行综合分析。

在教学《节约用水》一课时,可在课前给学生布置学习任务,以小组或者个人的形式调查生活中水龙头漏水现象,测量它们在一定时间内的漏水量,撰写调查小报告、数学日记。要求学生提前完成任务、填写表格,并计算出调查到的水龙头一天的漏水量,从而测算出一年的漏水量,根据当地的水费收费标准计算出一年因浪费水而产生的水费。教学中通过一个小小的"滴水龙头"实践调查,让学生学会用数学反映出节约用水的重要性,培养了学生"用数据说话"的意识和能力。

教学过程社会化就是把受限制的课堂进行开放,带领学生走出教室、走出校园,真正让学生融入社会环境,在社会环境中参与数学的创造,进行综合实践性学习,让他们在实践中感悟、在活动中求真。

(三)鉴赏数学文化,使学生内化于心

数学是一门有着丰富文化内涵的课程,数学文化博大精深、源远流长。随着社会的不断发展,数学文化也经历了历史变革。历代数学家们对数学的研究做出了卓越贡献,因此,教育学生热爱数学、热爱数学家、学习创造数学是课堂不能缺少的元素。

在教学《负数》一课时,在完成了负数知识的学习后,可让学生了解正、负数的发展史,让学生经历正、负数的发展过程和曲折的研究过程,认识到数学家们为数学的研究所做的努力和突出贡献,教育学生热爱数学这门课程、热爱数学家。课后布置一次特殊数学家庭作业——利用网络去探索你最感兴趣的数学问题,在下次数学课前 3 min 向全班同学交流学习所获。交流时有的同学收集了"'0'是怎么产生的?",有的收集了"小数是从何而来的?",有的收集了"运算符号(＋、－、×、÷)的来历",等等。这样的数学活动更进一步地拓宽了学生的知识面,激发了学生爱上数学和探究数学的欲望,有助于培养学生创造数学、开发数学的意识,也有助于培养学生敢于质疑教材、乐于探究问题的精神,或许未来的数学家将从他们中诞生。

（四）教学中渗透法治教育，使学生外化于行

习近平总书记在全国教育大会发表重要讲话时指出"培养什么人、怎样培养人、为谁培养人"这一根本问题，提出工作要求、作出战略部署，为加快推动教育现代化、建设教育强国、办好人民满意的教育指明了方向。强调要把立德树人作为教育工作的主线，融入思想道德教育、文化知识教育、社会实践教育各环节。在教学中渗透法治教育是落实立德树人要求的具体体现。

在平时的数学教学中，教师要结合教材内容，及时渗透相关的法律法规和社会主义核心价值观，减少和遏制未成年人犯罪的发生，使学生从小树立正确的人生观、价值观和世界观，为社会输送德才兼备的优秀人才。

如在教学《税率》一课时，向学生讲述为什么要纳税，偷税、漏税会有什么后果等，使学生认识到纳税的重要意义，更认识到纳税是每个中国公民应尽的义务，知道我国税收是取之于民的、用之于民的。通过向学生进一步讲解《中华人民共和国税法》，使学生从小养成遵守国家法律法规的意识，并且付诸行动。

二、从"知识为主"课堂走向"素养为主"课堂

《义务教育数学课程标准（2011 年版）》明确提出："义务教育的数学课程能为学生未来生活、工作和学习奠定重要基础。"因此，数学教学应从"知识为主"的课堂走向"素养为主"的课堂，切实为学生的人生奠基而教。

（一）开展数学文化阅读与讲述，从"冰冷的美丽"到"火热的思考"

著名数学家、武汉大学齐民友教授在《数学与文化》一书中写道："一种没有相当发达的数学的文化是注定要衰落的，一个不掌握数学作为一种文化的民族也是注定要衰落的。"新课程改革背景下的数学教学，应当关注数学文化的传承。在我国漫长的数学发展史中涌现出许许多多的重要事件、重要人物与重要成果，如刘徽"割圆术"、祖冲之"圆周率"、《九章算术》与《海岛算经》，以及《易经》上记载的"河图""洛书"的神秘传说，《孙子算经》中的"物不知数""鸡兔同笼"问题等，无不彰显古人智慧。阅读是学生自主获取数学信息、汲取数学知识、发展数学思维、学习数学语言的一种重要途径。在小学生中开展数学文化经典阅读活动，能让学生了解数学产生与发展的过程，体会数学对人类文明发展的作用，提高学习数学的兴趣，加深对数学本质的理解；能让学生在阅读中体悟古代数学家们算法思想的奇

妙,拓宽学生视野,发展学生数学思维,提高学生表达能力;能在阅读中追根溯源了解数学本质,体悟数学家严谨的态度和锲而不舍的探索精神,为学生的人生奠基。在阅读的基础上,再组织学生讲述数学文化,能让"冰冷的美丽"变为"火热的思考",实现学生对数学的深度学习。如,班级可组织学生利用课前 3 min 讲述数学历史、历史名人、数学故事,解一道数学趣味题,说一个生活中的数学问题,开展数字成语接龙、巧编数学儿歌、口算王挑战赛等数学活动。在讲述与应用中,学生学会有条理地表达,学会用数学眼光看待问题,感受到数学的文化魅力。

(二)开发适合学生的数学文化课程,从关注"怎么教"到"教什么"

教育改革改到深处是课程,改到难处是教师,改到实处是学生。课程是教育思想、教育目标和教育内容的主要载体,集中体现国家意志和社会主义核心价值观,是学校教学的基本依据,直接影响人才培养质量。当前的小学数学课程是站在国家层面设计的,针对地方学校有一定的不适应性,城乡的经济、文化、生活背景等都有较大的差异,根据地域特点,开发或创设体现地域特征的数学教学是有必要的,也是发展学生数学核心素养的关键。数学学科课程的开发应遵循在内容上做减法,质量上做乘法,注重同一知识纵向上的脉络发展,不同知识横向上的相互联系。以国家指定教材为载体,依据数学课程标准,采取横向与纵向 2 个维度,通过改编、补充、化静为动等方法进行数学文化校本课程开发,有机渗透数学文化,整合形成适合农村小学生发展的数学文化校本课程。

例如在教学《可能性》时,教师在认真分析教材、查阅史料、分析学情后,对教材进行了灵活整合,将《狄青百钱定军心》《生死签》的故事引入课堂,既增强了课堂的趣味性,又让学生在"火热的思考"中建构了对"确定事件和不确定事件"的整体结构认知。课始教师提出具有挑战性的问题——"抛 100 枚硬币,全部正面朝上可能吗?",引发学生认知冲突,激发学生强烈的探究欲望,让学生在不知不觉中产生了学习的需求;然后设计摸球游戏,采取问题与实践结合的方式,让学生在观察、猜测、操作、验证、分析中经历"可能性"建模的过程;最后,创设多形式、有层次、生活化的练习,留给学生足够的时间和空间,让学生在对话分享中、智慧碰撞中明白可能性不是 3 种关系(可能、一定、不可能),而是 2 个维度(确定事件和不确定事件),学会透过现象看见数学的本质,发展学生思维的全面性和深刻性,着力发展学生数学核心素养。

(三)转变数学课堂教学模式,从"浅层学习"到"深度学习"

著名数学家张奠宙先生在《数学文化的一些新视角》中指出:"数学文化必须走进课堂,在实际数学教学中使得学生在学习数学的过程中真正受到文化感染,产生文化共鸣,体会数学的文化品位和世俗的人情味。"教育是唤醒不是灌输,课堂教学要突破"只重讲授,不顾接受"的樊篱,把学生学习从浅层学习引向深度学习,促进学生"高程度的自觉投入、高质量的思维互动"。因此,数学课堂教学必须从以"教师的教"为中心向以"学生的学"为中心转变,教的色彩要淡些,商量的气氛要浓些,为什么要多些,留给学生的空间要大些,善将等待换成时间和空间,促进学生全面发展、个性发展、可持续发展。教学中,教师要有明确的培养目标,既要重视基础性目标(即基础知识、基本技能),更要关注发展性目标,要基于知识超越知识,在深度学习中发展学生核心素养。

有了教学的方向和目标后,还要注重教学策略的选择,恰当的教学策略会达到事半功倍的效果。从浅层学习到深度学习的策略有哪些呢?

(1)创设问题情境,打破认知平衡。认知冲突,是学生让学习真正发生的重要因素。如在教学《可能性》一课时,教师用《狄青百钱定军心》的故事创设情境,提出具有挑战性的问题——"抛100枚硬币,全部正面朝上可能吗?",打破学生原有的认知平衡,有效地激起学生强烈的探究欲望,让学生在不知不觉中产生了学习的需求。

(2)开展探究活动,发展数学素养。数学文化的渗透不仅仅是介绍外在"附着"的文化因子,更应该注重探寻数学知识背后的思维内核。教学中,教师应巧妙创设探究活动,少讲一点,多给予学生探究的时间和空间,充分让学生经历数学知识"再创造"的过程,在经历观察、猜想、实验、验证、推理、建模的过程中发展数学核心素养。如教学《三角形的面积》一课,教师为学生准备直角三角形、锐角三角形、钝角三角形等活动材料,让学生经历剪、拼、摆等实践活动,充分体验观察、猜测、比较、辨析、推导、建模的思维活动过程,学生在活动中思考,在对话中思维碰撞,在问题中提升,在潜移默化中发展数学素养。

(3)组织回顾反思,形成知识结构。千金难买回头看。反思能帮助学生建立完整的知识结构,理解数学的本质。如在教学《简便运算整理与复习》一课时,教师在对简便运算进行整理与综合练习后,课件出示"简便运算三字经",组织学生结合"简便运算三字经"对本节课知识学习进行回顾,让学生在读中思、读中悟、读后说,这样不仅加深学生对简便运算定律的理解,还让学生感受到数学文化带来的魅力。

（4）策划课外实践，培养综合素养。创设丰富多彩的活动是渗透数学文化的又一策略。教学中教师要重视开展数学课外实践活动，落实"知行合一"教育思想，在实践中学以致用，发展学生综合素养。如在教学《利率》一课后，教师可安排"小小理财家"实践活动，开展银行实地调研、设计理财方案、方案论证会、成果展示汇报、爱心捐赠等实践活动，不仅能让学生收获知识，更能发展学生综合素养，使其获得终身受益的文化力量。这样的课内课外一站式教学，间接经验与直接经验的结合，真正实现数学教学从"浅层"走向"深度"，为学生的人生奠基。

数学教学不单纯是数学知识的教学，更是数学素养的教育。随着课程改革的深入，教师要主动摆脱功利的束缚，有意识地将数学文化渗入教材、融入教学、润泽课堂，回归教育的本质，回归教育的初心，真正发展学生的数学核心素养。

三、从"以书本为中心"到"以学生发展为中心"

教育是为学生创造合适的教育，而不是挑选适合教育的学生；不是照着书教，而是基于学生的实际用书教。因此，农村小学数学课堂教学要从"以书本为中心"走向"以学生发展为中心"，为学生提供合适的教育，真正做到"胸中有书，目中有人"。

（一）转变教师观念是农村课堂变革的前提

《教育部关于全面深化课程改革 落实立德树人根本任务的意见》强调，全面落实以学生为本的教育理念，改进教学方式，适应学生个性化学习需求。可见，教育教学观念决定教师的行为，教师的行为决定课堂的效率。课堂教学包括2个层面：教师层面和学生层面。教师的教是为学生的学习提供支持的，教师是外部作用，学生是内部结果，所以课堂的关键在于学生，要以学生为中心，教的色彩要淡些，商量的气氛要浓些，提出的问题思考含量要多些，留给学生的空间要大些。教育的艺术不在于传授本领，而在于激励、唤醒、鼓舞，教师要勇敢地退、适时地进。

如教学《植树问题》一课时，教师用成语"一刀两段"创设情境，激活学生经验，激发了学生的探究欲望。在初步建构了棵数与段数的模型后，教师大胆放手，创设开放性问题让学生探究，在做题中、争议中、思维碰撞中发现植树问题的3种情况的规律，理解和掌握植树问题的本质。整个教学中教师应做到勇敢地退、适时地进，大胆放手让学生在思维中碰撞，让课堂呈现学生思维的磁场，提高了课堂教学效率。

（二）精准地定位目标是农村课堂变革关键

《义务教育数学课程标准（2011年版）》指出：义务教育阶段数学课程总目标从知识技能、数学思考、问题解决、情感态度等方面加以阐述。"总目标的这四个方面，不是相互独立和割裂的，而是一个密切联系、相互交融的有机整体。在课程设计和教学活动组织中，应同时兼顾这四个方面的目标。"目标即方向，一节课的目标可以分为知识目标与发展目标：知识目标是显现的、可测的、必须掌握的，对于知识目标教学，可以采用讲授法、启发法、探究法；发展目标是隐性的，不易教，是靠悟的，是指向数学本质与品质的，要达成这个目标，需要教师创设多种形式的活动让学生去悟。

如教学《平行四边形的面积》时，教师创设了学生喜欢的"喜羊羊比较长方形与平行四边形面积大小"的问题情境引发学生思考，激活学生对长方形和平行四边形知识的回忆。学生在已有的知识经验上，主动探究数格子法，猜测平行四边形的面积计算方法，然后动手剪拼，学生在交流、比较、辨析中建构模型，方法合理，有层次性。学生在潜移默化中理解和掌握了平行四边形的面积计算方法，有效地达到了学习目标。在发展目标上，教师先让学生猜想平行四边形的面积计算公式，然后为学生提供实验条件去操作验证，让学生在动手操作中、在相互交流与辨析中发现规律，调整自己的经验，引入转化的学习方法，这样的教学会让课堂学习更丰富，更有营养，也提高了课堂教学的效率。

（三）遵循学生成长规律是农村课堂变革基石

经验是学生学习的重要资源，有效的教学是不传授学生技能，而是促进学生经验的生长、思维的发展。《义务教育数学课程标准（2011年版）》指出："义务教育阶段数学课程的设计，充分考虑本阶段学生数学学习的特点，符合学生的认知规律和心理特征，有利于激发学生的学习兴趣，引发学生的数学思考；充分考虑数学本身的特点，体现数学的实质；在呈现作为知识与技能的数学结果的同时，重视学生已有的经验，使学生体验从实际背景中抽象出数学问题、构建数学模型、寻求结果、解决问题的过程。"可见，课堂教学中教师要基于学生的经验，着眼学生的最近发展区，选择恰当的教学策略进行教学。

如在教学《三角形的面积》时，教师可以基于学生已有的长方形面积与平行四边形面积的学习经验，组织学生自主探究、动手操作、合作交流，经历三角形面积计算公式的推导过程，体悟化归、转化、模型等数学思想。新课伊始，教师让学生回忆

"平行四边形的面积是怎么研究的?",随着学生的回答追问"为什么要转化为长方形来研究?",及时渗透"将没学过的知识转化成已学过的知识来解决问题"的化归思想,激活学生的记忆,引发学生的思考。接着,为学生准备直角三角形、锐角三角形、钝角三角形等活动材料,让学生通过剪、拼、摆等实践活动,再在观察、比较、辨析中发现新图形与原图形的联系,推导出三角形的面积计算公式,重新调整建构对平面图形面积计算的学习经验。这样的教学活动不仅让学生经历了知识的形成过程,感悟体验化归、模型的数学思想,而且为学生后续的学习起到了重要作用。

第二节　农村小学数学文化课堂教学策略

一、精准把握教材是农村小学数学文化渗透的前提

教材是教学活动的基本素材。数学教材承载着数学知识与技能、数学思想与方法、解题策略等人类文化的结晶。数学家弗莱登塔尔曾经说过:"没有一种数学思想,以它被发现时的那个样子公开发表出来。一个问题被解决后,相应地发展为一种形式化技巧,结果把解决过程丢在一边,使得火热的发明变成冰冷的美丽。"教师在使用教材的过程中,如何洞察冰冷文字背后的火热思考呢? 这就要求教师要走进教材,读懂教材。

(一)研读课程标准是读懂教材的重要前提

课程标准是学科教学的指导性文件,是编写教材、课堂教学、考试命题、教学评估的依据,是教材编写者、教学实施者、教学效果评价者共同遵循的准则。《义务教育数学课程标准(2011 年版)》明确提出,要通过 4 个学习领域的教学,帮助学生获得"基础知识、基本技能、基本思想、基本活动经验",发展学生的"数感、符号意识、空间观念、几何直观、数据分析观念、运算能力、推理能力、模型思想、应用意识和创新意识",增强学生"发现和提出问题的能力、分析和解决问题的能力"。深入理解这些核心概念的深刻内涵,使课堂教学成为学生的可持续发展的阵地,促进学生核心素养的形成,是教师读懂教材的重要前提。

在数学教学中如何落实"四基""四能"是一个重要但又有难度的现实问题,笔

者认为可以从以下几个方面进行努力：教师应切实理解，数学思想方法和数学活动经验对学生数学学习的重要性；教师应该知道，数学思想方法隐含于数学知识体系中，需要体验和挖掘；教师应该理解，丰富多彩的数学活动是学生学习知识、习得技能、感悟思想的主要途径，也是积累丰富数学活动经验的必然手段；数学活动经验不是单一的操作活动，要蕴含活跃的思维活动：数学思想方法、数学知识、数学技能的获得应统一于积累数学活动经验的活动中。

（二）准确理解教材的编排意图

准确解读教材，要真正领会教材的编排意图，搞清教材中插图和注文、提示语蕴含的对数学活动的启示，读懂例题的地位作用，弄清例题与习题的关系，多问自己几个"为什么""是什么""怎么办"。在不断追问的过程中紧抓数学本质，读出教材里的数学知识、知识产生和形成的过程、学生学习知识的方式、数学知识承载的数学思想和方法及数学的文化和历史等。

如《除数是一位数的除法》中主题图呈现了在宾馆缴纳住宿费的生活情境，为学生经历收集、分析信息的过程及体验解决问题的完整过程创设平台。主题图帮助学生们做一个善于观察的人，培养学生的观察能力，使其理解数学问题来源于生活，用学过的数学知识解决身边的问题。在"阅读与理解"环节，通过提问，让学生关注并理解"大约"的含义，进而明确这里需要用估算的策略解决问题。在"分析与解答"环节，首先让学生利用生活经验与已有知识分析问题，并找到这个问题的数量关系"每天的住宿费＝总钱数÷住的天数"，展示分析问题的思路。然后，给出2种不同的估算方法和答案，明确估算的方法不同，结果也不同，体现用估算策略解决问题时的多样性。在"回顾与反思"环节，先要求学生回顾与检验解决问题过程与方法的合理性，接着让学生应用推理得到较精确的答案，让学生体会到有的估算方法会更精确些。"练习六"中共安排了8道习题，其中第1～6题是巩固所学的"除数是一位数的除法"的内容，体会估算的方法，感受估算在实际生活中的实用价值，培养学生提出问题的能力和综合应用所学知识解决问题的能力。

（三）深入挖掘教材的文化价值

《义务教育数学课程标准（2011年版）》指出："教材可以适时地介绍有关背景知识，包括数学在自然与社会中的应用，以及数学发展史的有关材料，帮助学生了解在人类文明发展史中数学的作用，激发学习数学的兴趣，感受数学家治学的严谨，欣赏数学的优美。"对数学课堂文化的关注是新课程改革的核心理念之一，教师要深入挖掘数学概念、原理、公式、知识结构、数学方法、数学思想和数学观念所蕴含的文化价值，通过在教学中适时地渗透数学文化，通过师生的互动交流来提升课堂文化。

如教学《圆的认识》，研讨圆的特征时，教师引出《墨经》中的"圆，一中同长也"，让学生感悟到祖先的智慧，很早之前就能抓住事物的本质，体会到中国语言文字具有高度凝练性与概括性，进而增强民族自豪感。接着反问学生："难道正三角形、正方形、正五边形、正六边形，它们不是'一中同长'吗？"当课件依次不断地演示渐变图形，从正六边形一直到正八百一十九边形时，学生终于耐不住性子说："我认为圆是一个正无数边形！"由"圆"的教学引申至"正多边形与圆的关系""圆与球体的联系"，暗合刘徽的割圆术理论，让学生真切地体会到"圆是正无数边形"的极限思想，体验到"无限"世界的神奇与美妙，受到数学文化的熏陶，使教材中的阅读材料从一种外在的"冰冷的美丽"转化为学生内在的"火热的思考"。

（四）把握教材的科学性和整体性

读懂教材是把握教材科学性、整体性的前提。数学是一门系统性、逻辑性都很强的学科，各部分知识之间的纵横联系十分紧密，知识的螺旋上升是教材编排的一个重要原则。教师纵向上要把握知识脉络，横向上要构建知识联系，要系统梳理知识网络和数学思想网络，全面了解知识体系，明确所教的知识从哪里来，到哪里去，确定好教学的起点和方向。读懂教材要：通读全册，理解单元教学内容，厘清整体与部分的关系，处理好各年级之间数学知识的衔接；细读单元，厘清知识点，弄清新旧知识的联系点，分析数学新旧知识结合点，分析学生学习新知识的思维过程；解读单元的目标，清楚每节课、每个知识点、每个例题怎样才能得到落实，达到宏观与微观、新知识与旧知识、教学目标与达成构思等的统一。在把握这3点的基础上，再多读几遍：第一遍读，读前思考《义务教育数学课程标准（2011年版）》要求，看结构、想重点；第二遍读，读中想教材为什么这么编；第三遍读，读后思考我之前想的和教材一样吗，如果不一样，谁更合适；第四遍读，在思考的基础上重新读教材。

如在《分数的意义》教学中，教师考虑到学生在三年级时已经初步认识了分数，因而开课时直接以1/4导入新知识的学习："1/4是什么数？""关于1/4，你已了解了它的哪些知识？"找准了知识的切入点。再让学生用不同的方式表示出1/4，特别指出画图或语言描述的方法都可以。接着引导学生表示出4个正方形的1/4，8个三角形的1/4个，体现了第二学段的目标要求，将学生对分数的认识由图形的直观描述过渡到语言的抽象描述，由"具体数量"过渡到抽象的单位"1"。教师从整体入手把握教材前后知识衔接,自然过渡,教学层层递进,既关注知识的切入点,又准确把握知识的延伸点,帮助学生较好地完成分数意义的再认识。

(五)创造性地使用教材

《义务教育数学课程标准(2011年版)》指出,数学教学必须注意从学生身边的生活情景和学生感兴趣的事物出发,为他们提供参与的机会,使他们体会到数学就在身边,对数学产生亲切感。叶圣陶先生也曾经说过:"教材无非是个例子,它只能作为教课的依据,要教得好,使学生受益,还要靠老师的善于运用。"因此,教师可以在不违背数学知识逻辑关系的基础上,根据学生的数学学习认知规律、知识背景和活动经验,合理处理教材,调整教材,重组教材内容。

如《可能性》一课中,教材安排的是摸棋子的游戏,教材编排中2个盒子里的各种颜色的棋子都直接呈现给了学生,如果按教材编排思路,在游戏前预先告诉学生红棋子、绿棋子的个数及装盒情况,再让学生做摸棋子的游戏,这样游戏就失去了悬念。这时,笔者在教学中针对当时、当地及学生的特点,对教材进行了一些改编,即把各种颜色棋子换成各种色彩的乒乓球,预先不告诉学生盒子里乒乓球个数及颜色,然后开展"猜测—实践—验证"的摸球活动。这样就能更有效地达成教学目标,攻克教学重点、难点,增强学生的学习兴趣,引起学生的探究欲望。

在一定意义上可以说,一个数学教师对教材解读到什么程度,决定着课上到什么程度;教师自身对教材的理解有怎样的高度,就会引领学生登上怎样的高度。因此,教师应正确、准确、有创意地解读教材,使数学课堂因解读精辟而变得精彩纷呈!

二、精心设计教学是农村小学数学文化渗透的关键

爱因斯坦曾说:教育就是当你把老师教给的知识都忘了之后剩下的东西。可见,教育最核心的目的不是传授知识,而是要基于知识超越知识,促进学生思维发展、情感提升、价值观形成,获得适应未来社会发展的必备素养。

(一)以生为本,做"目中有人"的老师

《义务教育数学课程标准(2011年版)》指出:"有效的数学教学活动是教师教与学生学的统一,应体现'以人为本'的理念,促进学生的全面发展。"著名教育家叶圣陶先生说:"学生跟种子一样,全都是有生命的,能自己发育,自己生长的;给他

们充分的合适的条件,他们就能成为有用之才。所谓办教育,最主要的就是给受教育者提供充分的合适条件。"学生天生具有自我发展、自我认知、自我完善的潜能,教师的责任在于点燃学生学习激情,激发学生求知欲,保护学生好奇心。因此,素养导向下的教育要坚持"生本"立场,体现"以人为本"育人理念,充分关注学生学习过程,注重学生亲历实践,尊重学生个体的独特性,允许学生用不同速度去学习,用自己喜欢的方法学数学。教师的教是为学生的学提供支持的,教师要充分留给学生自我成长的空间和自我发展的机会,将话语权、探究权还给学生,走进学生的话语系统,为学生营造思辨的课堂,让学生不仅拥有数学知识,更拥有数学素养。

(二)胸怀全局,关注学生数学素养培养

《义务教育数学课程标准(2011年版)》明确指出:"数学知识的教学,要注重知识的'生长点'与'延伸点',把每堂课教学的知识置于整体知识的体系中,注重知识的结构和体系,处理好局部知识与整体知识的关系,引导学生感受数学的整体性。"人教版数学教材按照数与代数、图形与几何、统计与概率、综合与实践4个板块进行横向联系,纵向深入编排,使同一知识螺旋上升,不同知识交替增长,每个板块间知识点具有紧密的关联性。因此,素养导向下的课堂教学,教师要有全局思维、单元视角、高站位把握课程标准、立体式驾驭教材,做到心中有"树";要从单元目标、课时目标、学情出发,做到精准地实施教学;要从思维发展、情感提升、价值观形成出发,做到驱动学生数学思考,发展学生数学核心素养。

如《平行四边形的面积》一课,是多边形的面积计算渗透转化思想的起始课,将为学生以后学习平面图形的面积计算打下基础。在教学中,教师要以"感悟转化思想"为核心目标,重视让学生动手操作、对话交流,亲历平行四边形的面积计算公式探究全过程。课始,教师直接聚焦核心问题"平行四边形的面积如何计算"引发学生思考,让学生先行尝试猜想平行四边形的面积计算方法,形成认识冲突——邻边×邻边=平行四边形的面积对吗? 进而组织学生在已有的知识经验上,自主用数格子法验证"邻边×邻边不是平行四边形的面积"进行自我否定。再在此基础上组织学生自主探究平行四边形的面积计算方法,并为学生提供活动材料及活动时间。学生通过动手剪拼、探究交流,沟通图形间的联系,经历个人、小组、全班建构的学习过程,在交流、比较、辨析中建构模型,发展学生逻辑推理与数学建模素养。课末,组织学生重点回顾探究过程,引入刘徽"割补术"渗透数学文化,理解"出入相补、以盈补虚"的原理。组织学生结合自己探究平行四边形的过程谈谈对刘徽"割补术"的理解,加深学生对转化思想方法的深刻感悟。整节课紧紧围绕核心目

标"感悟转化思想",不仅让学生理解平行四边形的面积计算公式的推导本质,还在潜移默化中感悟转化思想方法,感受到数学家的智慧,让课堂具有生命力。

(三)有机整合,激发学生学习潜能

《义务教育数学课程标准(2011年版)》明确指出:"创造性地使用教材,积极开发、利用各种教学资源,为学生提供丰富多彩的学习素材。"教材是集体智慧的结晶,是学生学习的主要载体。学生已进入"知道时代",教学前学生绝非白纸一张,现已不是教材有什么,我们就教什么,而是学生需要什么,我们就学什么。因而教学不能唯教材,要在把握和吃透教材的基础上活用教材、改组教材、拓展教材,关注学生生命成长及内驱力激发;要从学生的认识基础、学习需求、教学重点和难点出发,把握教学的难度、广度、深度;要从数学味浓、思考性强、有层次、有价值的维度,基于学生"最近发展区"进行有机整合设计,为学生创设开放的学习空间,激发学生学习潜能。

(四)深度拓展,提升学生思维的高度

《义务教育数学课程标准(2011年版)》明确指出:"注重启发学生积极思考;……激发学生的学习潜能,鼓励学生大胆创新与实践;……关注学生的个体差异,有效地实施有差异的教学,使每个学生都得到充分的发展。"教育的根本是激发学生潜能,要让学生观其全貌,透过数学知识看到深层的数学思想和方法。因此,素养导向下的数学课堂教学必须转变数学课堂教学模式,从以"教师的教"为中心向以"学生的学"为中心转变,留给学生独立思考的空间和时间,在"等待"中把学生从浅层学习引向深度学习,促进学生"高程度的自觉投入、高质量的思维互动",实现学生全面发展、个性发展、可持续发展。

如在教学《分数的初步认识》一课时,教师在学生理解分数产生及其意义、掌握分数读写法后,创设开放性活动,组织学生探究"1/4的不同分法",比比谁创造的方法多。在任务的驱动下,教师给予学生充足的时间和空间,在"等待"中学生进行了深入探究,创造了多种不同的分法,还加深了学生对分数本质的认识——不管分的图形形状是否相同,只要把标准"1"平均分成4份,每份就是1/4(见图3-1),有力地促进学生发散性思维和创新思维发展。

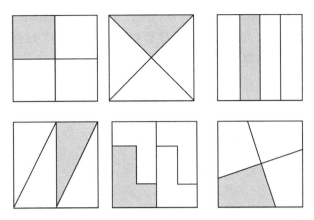

图 3 - 1　1/4 的不同分法

在比较分数的大小环节,教师创设"观察分数墙"活动,组织学生从不同的角度观察思考,发现分数大小的本质——把同一标准"1"平均分的份数越多,每份就越小。并将分数与整数进行比较,既让学生明白分数与整数的不同,同时借助"数轴"扩展数域,让学生明白分数与整数的关系(3/3 等于 1),为后面的分数加减法学习打下基础。课末,组织学生用分数的眼光观察"巧克力",让学生在同一个标准"1"中,从不同的角度观察思考,发现不同的分数,学生从中看出"1/8""1/4""1/2"等分数,将学生学习引向深入,在数形结合中发展学生直观想象素养,为今后分数的再认识奠定基础。

综上所述,小学数学课堂教学从"知识教学"向"素养教育"转向,只要坚持做到从学生立场、单元视角、重组教材、深度拓展等方面进行教学实践,积极关注学生数学抽象、逻辑推理、数学模型、直观想象、数学分析等素养发展,让数学学习回归"育人"原点,就能让学生领会到数学精神实质,领略到数学智慧的精妙,体会到"求真、尚善、臻美"的价值追求,促进学生数学核心素养的发展。

三、开展数学活动是农村小学数学文化渗透的途径

数学教学不单纯是数学科学的教学,更是数学文化的教育,将数学文化融入数学课堂,渗入实际的教学活动中,使学生了解数学知识的产生、发展、创新过程,体会数学与人类生活的密切联系,了解数学的价值,获得数学学习的成功体验,建立自信心,形成独立思考的习惯。

"什么是数学?""数学文化是什么?""数学课堂可以给孩子留下什么?"这些问题可以在枯燥的符号、概念、命题间帮助寻找数学最为真切的解读。

"数学是人类的一种文化,它的内容、思想、方法和语言是现代文明的重要组成部分。"在小学数学教育实践中,我们不仅要看到数学的知识、技能,更应看到隐含在数学知识里的思想、精神、观念。以下为一些教学尝试。

(一)充分利用课前 3 min,培养数学文化情感

1. 讲一个数学家的故事

学生利用课余时间收集一个数学家的故事,在课前 3 min 进行演讲。古今中外的数学大家,如祖冲之、阿基米德、高斯、华罗庚等,他们的成长和数学思想形成中的曲折与艰辛,以及那些伟大的探索者的失败与成功,可以使学生体会到数学不仅仅是科学研究的工具,它还有着丰富的人文内涵,从而使数学起到榜样的激励作用,让学生在充满浓浓文化味的课堂中逐渐爱上数学。

2. 解一道数学趣味题

课前给学生出示一道趣味性强而又不太难的数学题,如"我家猫的前面有 2 条腿,后面有 2 条腿,两边各有 2 条腿,我家的猫一共有几条腿?"有的学生说有 6 条腿,有的学生说有 8 条腿,有的学生认为只有 4 条腿。不合逻辑的题目就会导致很奇怪的答案,想破脑袋得到答案的快乐是无穷的,充满趣味的数学题能让学生对数学充满兴趣。

(二)说一个生活中的数学问题

数学来源于生活,又服务于生活。让学生在生活中寻找数学问题,并寻求解决问题的方法与策略,使他们在生活中能看到数学,摸到数学。如,我们 1 min 大约走多少米?从我家到学校大约有多少米?早上我什么时候从家出发才能保证上课不迟到?街道十字路口的红绿灯分别亮多长时间?培养学生以"数学的头脑"看待问题、发现规律、解决问题,这正是数学文化的思想。

此外,还可以开展数字成语接龙、巧编数学儿歌、口算王挑战赛等数学活动,有效培养学生的数学文化情感。

(三)在教学过程中适时渗透数学文化

1. 在知识的呈现过程中适时渗透数学文化

数学思想、数学思维、数学精神等一些数学文化的精髓都依附在知识发生、发

展的过程中。在教学过程中可以通过创设知识产生的历史背景、数学的思想方法、数学家追求真理的科学精神,尽力向学生展现数学知识的发生、发展过程。

如,在教学《小数的初步认识》时,向学生展现小数的发展过程。元代数学家刘瑾最早提出了用降低一格的方法来表示小数;15世纪,阿拉伯数学家阿尔·卡西把小数部分写小并和整数部分空一格;16世纪,瑞士数学家布尔基用一空心小圆圈隔开整数部分和小数部分来表示小数;1593年,德国数学家克拉维斯用小圆点代替了空心小圆圈,并于1608年在《代数学》中将这一方法公之于众。于是,小数的表示方法就被确立下来,并流传至今。

2. 穿插数学小游戏,适时渗透数学文化

在数学课堂中适时穿插富有情趣的数学小游戏,能有效缓解学生学习疲劳,激发学习兴趣。如:教学《年、月、日》时,当教学完大月、小月,即可穿插一个小游戏"我要站起来",即老师说大月,男生站起来;老师说小月,女生站起来。可当老师说到2月时,学生们开始不知所措,经过一番激烈的讨论,2月这个特殊的月份便深深地印在了学生的脑海中。

(四)有效开展课后实践活动,感受数学文化的丰富多彩

《义务教育数学课程标准(2011年版)》中指出:"教师要向学生提供充分从事数学活动的机会,帮助他们在自主探索和合作交流过程中真正理解和掌握基本的数学知识和技能、数学思想和方法,获得广泛的数学活动的经验。"因此,教师应组织学生开展各种各样的实践活动,充分展示数学的美妙和神奇,引领学生体验数学、理解数学、运用数学,激发他们的创新意识,培养他们的科学探索精神。

如:教学完《认识人民币》,可以开展"小小商店"的实践活动;教学完《统计》,可以开展社会调查,然后在课堂上进行分析比较;教学完《分类与整理》,可以开展"我是家务小能手"实践活动。还可以开展编制数学文化报活动,举行"数学史话"抢答活动,开展"追寻数学家的足迹"实践活动,进行数学小论文评比,开展"玩转拼图""玩转七巧板""玩转魔方""巧算24点"游戏活动,等等。

总之,数学教学不单纯是数学科学的教学,更是数学文化的教育。随着课程改革的深入,数学文化将会真正渗入教材、到达课堂、融入教学,成为数学教学中的重要部分。

四、融入德育是农村小学数学文化渗透的重要抓手

《义务教育数学课程标准(2011年版)》指出,数学教学应体现"以人为本、育人为要"的教学理念。数学是一门有着悠久历史的传统文化,有着丰富的文化内涵和价值,又是学生接受教育过程中学习时间比较长的一门学科。由此可见,在数学教学中渗透育人思想尤为重要。围绕着立德树人任务,为了克服农村小学数学教师教学中普遍存在的忽视数学文化育人的现象,笔者以人教版《数学六年级上册》中《节约用水》一课为例谈谈渗透育人思想的探索。

此课主要是让学生体会到数学在生活中的广泛应用,培养学生收集、整理、分析数据的能力,运用所学知识、技能和思想方法解决问题的能力;通过多种途径查找资料,体验分析和处理数学信息的过程,培养学生"用数据说话"的意识和能力;感受节约用水的现实性和迫切性,知道节约用水的方法,发展学生应用意识、数据分析观念等核心素养,增强学生的环保意识,使其自觉养成节约用水的习惯。

(一)分析教材编排意图,将渗透育人思想写进教案

教师在设计教案时,要在认真分析教材编排意图的基础上,不仅要思考"立智",即应用所学知识解决生活问题;更要落实"立志",即知道节约用水的方法,自觉养成节约用水的习惯,增强环保意识。教学目标中既要体现育智目标,更要体现育人目标。这节课育人目标的比重略大于育智目标,为此在教案的设计过程中我们应该侧重思考如何渗透、何时渗透、渗透什么等问题,既体现了知识教学的深度,又落实了育人教学的宽度。准确把握教材内容的教育功能,架起以文"化"人的桥梁,让学生学有价值、有营养的数学,将"冰冷的数学"化为"火热的思考"。

(二)引导学生观察生活、解决问题,将渗透育人思想贯穿于教学

教学目标的达成,教学任务的落实,关键在课堂。教案设计好了之后,在教学时我们要适时、适度作育人的渗透。课堂教学中巧设铺垫,有的放矢地激励、激发,点燃激情的火花,更进一步提升思维的厚度、育人的宽度。

1. 生活调查,感性认识——渗透育人需求源

在教学《节约用水》一课时,课前安排学生收集水资源的相关信息,调查周边浪费水的现象,了解家庭每月用水量和缴纳水费情况,分组测量、记录、计算水龙头单

位时间内漏水情况。课前向学生布置、分配任务,让学生走进生活亲身经历相应的调查活动,通过对数据的统计分析和水资源的现状调查,使学生初步意识到节约用水的重要性和紧迫感,间接地向学生渗透了践行节约用水的意识教育。

2. 查找问题,自我反思——渗透育人需求真

师:我国淡水资源如此匮乏,可是还有一些人不注意节约用水。同学们,你想不想说一说你自己或是你身边的人有哪些浪费用水的现象?

生:我们家小区旁漏水的水龙头没有人修理,已经漏水好久了,不知浪费了多少水。

生:我洗脸、洗脚时用水过多,太浪费了,今后得注意节约用水了。

生:农村自架水因不交水费,水四处流淌,太浪费了。

师:是啊,生活中浪费水的现象实在太多了。知道吗? 在全部水资源中,97.47%是咸水,无法饮用。在余下的2.53%的淡水中,有87%是人类难以利用的两极冰盖、高山冰川和永冻地带的冰雪。我们真正能够利用的是江河湖泊及地下水中的一部分,仅占地球总水量的0.26%,而可供饮用的淡水少之又少,仅占淡水资源的1%。同学们,从这里我们不难看出,可饮用的水特别珍贵,我们应该发起节约用水的总动员,向浪费水的现象说"不"。

3. 数据说话,以理达人——渗透育人需求实

师:请同学们以小组为单位做一下这道练习题,做完后谈谈你有什么想法。

以学校为例,我们学校共有 40 个水龙头,如果每个水龙头每年浪费 11 m^3 的水,1 年共浪费水多少吨? (1 m^3 水重 1 t)如果每吨水2.2 元,1 年下来全校共要多支付多少元的水费? 如果按照我校这个比例计算,全国大约有 30 万所学校使用自来水,全年大约要浪费多少吨水? 一共要多支付多少元的水费? 如果 1 个人 1 年用 30 t 水,这部分水可供应多少人用 1 年?

师:同学们做完了吗? 我们一起来看看,你做对了吗? 这时的你有何想法? 节约用水你准备怎么做?

问题1:11 × 40 = 440(t)

问题2:440 × 2.2 = 968(元)

问题3:30 × 440 = 13 200(万t)

问题4:13 200 × 2.2 = 29 040(万元)

问题 5:13 200÷30＝440(万年)

生:计算后看到这个数字太吓人啦,可这才是生活中的一例,我们生活中处处可见浪费水的现象,如果能全部测算出来,结果令人难以想象。

生:我今后会将用过的水二次利用,厉行节约从我做起,将洗衣服的水冲厕所,洗脸水浇花等。

生:我们团结起来发出节约用水倡议,将倡议书张贴到大街小巷,让大家都行动起来。

生:向当地政府建议,张贴节约用水的宣传标语,全民知晓,全民行动。

生:我们从自己做起、从自家做起,自觉养成节约用水的习惯,小手拉大手,大家一起行动。

师:我国水资源人均占有量只有 2300 m^3,约为世界人均水平的 1/4,排在世界第 121 位,是世界上 13 个贫水国家之一。在我国的 600 多个城市中,有 400 多个城市缺水,其中有 110 个城市严重缺水。节约用水,保护环境是每个公民应尽的责任,为了能持续生存下去,我们必须付诸行动节约用水。

【思考】引导学生走进生活,通过观察发现问题,解决实际问题,直接和间接地接受节约用水的意识教育,加深学生对节约用水必要性的认识,感受生活中浪费水现象的严重性。

渗透育人思想的教育必须选择恰当的方式,适时、适度地进行引导渗透,切记生硬、盲目从教,这样只能是左耳进右耳出,不能达到预想效果。

为此,我们必须采取恰当的教学方式,落实立德树人这一理念,我们不能仅仅眼睛向"外",诉之于物,更要眼睛向"内",诉之于人,做有温度的教育。

(三)布置合理的课后作业,将渗透育人付诸行动

教学结束后,对学生节约用水的教育不应该结束,应充分利用此次机会,将育人思想延伸至课外,付诸行动。这也是引导学生树立正确的人生观、世界观、价值观,自觉践行社会主义核心价值观的必然选择,为引导学生"扣好人生第一粒扣子"做好铺垫,力促学生内化于心,外化于行。

这节课笔者安排了一些特殊的家庭作业,如制作节约用水的手抄报、写倡议书、写数学日记、做一件节约用水的好事等。其中一个学生在课后数学日记中写道:"水是人类赖以生存的源泉,中国是世界上 13 个极度缺水的国家之一,人均占有量排在世界第 121 位,我国有 2/3 的城市缺水。作为新时代学生的我们,如果都

还没有节约用水的意识,那么地球上最后一滴水将是人们的眼泪,最后一滴水将与人类血液同价。因此,节约用水是每个公民应尽的责任,是每个'红领巾'应尽的义务。如果人人发出一份倡议,那将是一滴滴水;如果人人作出一个承诺,那将是一片片河;如果人人承担一种责任,那就是一条条江。亲爱的同学们,我们再也不能沉默了,让我们携手起来,打一场节约用水的保卫战吧。"

教学的对象是学生,让数学教学返璞归真,还数学教育的本原,渗透育人思想必须由"教学"向"教育"转变。教学中不仅要帮助学生掌握未来发展所需要的基础知识和技能,还要关注学生个人修养和社会责任感的养成。

第三节　农村小学数学文化课堂教学评价

《义务教育数学课程标准(2011年版)》指出:评价既要关注学生学习的结果,又要重视学习的过程;既要关注学生数学学习的水平,也要重视学生在数学活动中所表现出来的情感与态度,帮助学生认识自我、建立信心。课堂评价是教学活动的一个重要环节,是教学思想的直接体现,改变着学生课堂学习环境,影响着学生对知识的接受,激励着学生的学习兴趣,是学生素养发展的催化剂。因此,教师在课堂教学评价中要充分发挥评价的激励作用,关注学生学习过程与情感体验,为学生提供自我表现的机会,帮助学生认识自我,获得成功的体验,建立学习自信心。

一、善用激励性评价,点燃学习激情

《义务教育数学课程标准(2011年版)》指出:全面了解学生数学学习过程和结果,激励学生学习是评价的主要目的之一。教师的教是为学生的学提供支持的。课堂教学中教师要有伯乐的眼光、宰相的胸怀,要用亲切的口吻评价学生,用激励的语言鼓励学生,用趣味的语言点拨学生,点燃学生学习激情。教师要善用动态的、发展的、积极的眼光去看待学生,对学生的闪光点尽可能给予激励性评价。对学生课堂中的失误、不足应持宽容态度,鼓励学生的合理部分,给学生以愉悦的心情、轻松的环境、不衰的兴趣,使学生始终保持学习的热情,让学习真正发生。

例如,在教学《平行四边形的面积》一课时,我提问"平行四边形的面积如何计算?"时,有学生提出:"长方形的面积用长乘宽,平行四边形的面积是否也可以用相邻的两条边相乘?"这是认知过程中自发的迁移现象,更是学习中勇于探索的大胆猜测。对学生的这种想法,我这样评价:"你能作出这样的大胆猜测,这是你积极思考、勇于探索的表现。现在请你自己验证一下你的猜测,看看到底是不是这样。"在老师的激励性评价下,学生自主用数格子法验证"邻边×邻边不是平行四边形的面积"进行自我否定,并积极主动地用教师提供的学习材料进行新知识的探究学习。课堂教学中这样的激励性评价既能保护学生的学习积极性,又能点燃学生的学习激情。

二、重视过程性评价,发展核心素养

《义务教育数学课程标准(2011年版)》指出:"评价不仅要关注学生的学习结果,更要关注学生在学习过程中的发展和变化。"在传统教学中,教师过于重视知识的结果,只看作业结果或发言对错,使学生唯标准答案论,不关注知识背后的数学思想,让学习浅尝辄止,停留在低层、浅表。而核心素养导向下的数学课堂,不仅要关注数学的结果,更要引导学生探寻数学知识背后的思维内核;要用评价引发学生的数学思考,培养学生的创造性思维,促进学生数学核心素养的发展。

例如,在教学《分数的初步认识》一课时,在学生理解分数产生和意义、掌握分数读写法后,便创设开放性活动"组织学生探究 1/4 的不同分法"。当学生有了一种分法后便停止了自己的探究,此时需及时肯定学生的分法,并用引导性评价:"请完成任务的同学想一想还有没有别的分法,比比谁创造的方法多。"在教师的积极评价驱动下,学生展开深入探究,创造出多种不同分法。于此,鼓励学生与同伴交流自己的想法,追问"到底有多少种不同的分法呢?"经过思考,学生发现有无数种分法,并给予学生充足的时间汇报自己的想法,使学生获得成功体验,帮助学生建立自信心,培养学生的创造性思维。

教师在课堂教学中充分关注学习过程,用积极评价引发学生深度思考,让学生在挑战中探究,在体验中理解,促进学生核心素养发展。

三、关注情感体验评价,培育学习兴趣

《义务教育数学课程标准(2011年版)》指出:数学教学活动应激发学生兴趣,

调动学生积极性,使其在数学学习活动中获得成功的体验,锻炼克服困难的意志,建立自信心。兴趣是学生学习的不竭动力,在教学中教师要用真诚、智慧、积极评价引导学生体验与理解、思考与探索,充分关注学习过程中学生是否积极主动地参与数学学习活动,是否乐意、主动与同伴进行交流和合作,是否具有学习数学的兴趣和自信心,让学生获得积极的情感体验,培育学生的学习兴趣。

例如,在教学《可能性》一课时,笔者依据课程标准要求,站在学生立场,从学生的认知规律和心理特征出发进行教学。首先将《狄青百钱定军心》《生死签》的故事引入课堂,关注学生的心理特征,增强课堂的趣味性。随后提出具有挑战性的问题——"抛100枚硬币,全部正面朝上可能吗?",引发学生认知冲突,激发学生强烈的探究欲望。当有的学生说全部正面朝上可能,有的学生说不可能时,我及时肯定学生的猜想——"你们敢于表达自己的想法真棒,到底可不可能,我们应该用事实说话,请同学们自己探究,找到依据。"用真诚、智慧、积极的评价驱动学生思考,并为学生提供他们喜欢的摸球游戏,学生在活动中观察、猜测、操作、验证、反思,探究理解"可能性"的本质。这样的评价能有力地促进学生思维的发展。

四、建立多元、多样性评价体系,促进个性发展

《义务教育数学课程标准(2011年版)》指出:"数学课程应致力于实现义务教育阶段的培养目标,要面向全体学生,适应学生个性发展的需要,使得:人人都能获得良好的数学教育,不同的人在数学上得到不同的发展。"应建立"评价目标多元,评价方法多样"的评价体系。过去我们只偏向于教师对学生单向评价,学生缺乏对自我的认识,学习处于被动。而在"以人为本"的课堂教学中,要促进学生从"被动学"变为"主动学",实现个性发展,就需要建立学生自我评价、学生与学生间互评的多元评价体系,让学生学会自我反思、同伴互助,以期达到认识自我、反思自我、超越自我。

家长和孩子之间有着特殊的关系,家长的评价影响力也非常重要。例如,笔者曾经给学生布置了这样一道作业:"假期如果你们一家人想外出旅游,请设计3种旅游计划,分高、中、低三档,其中火车票、飞机票、宾馆住宿、各景点门票等费用,必须详细列出,最后根据家庭收入状况选择一个最佳方案。"这是一道让学生动手动脑的作业,也是一道与生活联系密切的作业。但由于家长没有对学生进行正确引导和评价,很多学生不知所措,不能完成作业,有的学生作业甚至由家长代劳完成,

严重影响了学生的个性发展。可见,除了教师对学生的评价引导外,建立学生自我评价、学生与学生间互评、学生与家长间互评的多元、多样性评价体系尤为重要。

五、制定课堂教学评价标准,保障教学质量

评价具有激励、诊断、导向作用,科学的评价标准影响教师的教与学生的学。要构建具有文化意蕴的数学课堂,彰显数学文化价值,就要制定适合农村小学数学文化课堂的教学评价标准(见表3-1),让农村小学教师能对标教学、用标观察、依标诊断,主动将数学文化融入课堂,走向小学数学文化自觉,帮助农村小学生建立自信心,使农村小学生都能获得良好的数学教育。

表3-1　农村小学在常态课堂教学中渗透数学文化的评价标准

观察指标	评价项目	权重	关键
课堂导入 (5分)	1.问题情境。能运用课件创设数学文化情境,时间不超过3 min。	2	快而趣 启思 精准
	2.知识衔接。能唤起学生相关的已有知识,相机链接数学史料,引起学生认知冲突。	1	
	3.目标突出。能从数学文化的视角制订目标,关注数学的人文价值。	2	
问题导学 (15分)	4.聚焦问题。能从数学文化的视角提出核心问题,问题有价值。	5	有价值 有层次 有深度
	5.任务驱动。能从数学文化的视角设计探究任务,用同一情境将任务串联(逻辑性、层次性)驱动学习,帮助学生形成知识结构体系。	5	
	6.深度学习。能从数学文化的视角拓展内容的深度,促成课堂的生成。	5	

续表

观察指标	评价项目	权 重	关 键
合作展示 （25分）	7.合作的必要性。独学不能完成，要合作，去形式化，有合作价值。	5	有价值 有分工 有参与 有展示 有效果
	8.合作的公平性。人人参与做，人人有收获。	5	
	9.合作的有效性。共同完成任务的质量，每个人的特点得到发挥。	5	
	10.合作的组织性。小组长领导力强，组织小组学生分工分享，探究完成学习任务。教师引导，师生关系融洽。	5	
	11.合作成果展示。内容有创意，思维有碰撞，组间有启发。	5	
教学合适 （35分）	12.准备合适。数学史料等合适、充分。	5	目标精而准 探究慢而透 检测精而活
	13.目标合适。根据学情、渗透点制订目标，兼顾不同层次学生的最近发展区。	5	
	14.内容合适。能将数学史料与教学内容融合，匹配学生的认知特点，与问题相关联。	5	
	15.方法合适。能灵活运用"习、熏、悟、化"的基本策略进行数学文化渗透。	5	
	16.管理合适。课堂的组织有序、引导有法、调控有度。	5	
	17.检测合适。学习任务达成度，教学有效率85%±5%。练习设置有层次，有思维含量，有数学文化味。	10	
教师素养 （20分）	18.情感方面：能尊重、关爱不同学生，评价激励及时、持续、到位。	5	激情与激励 迁用与拓展 设计与生成
	19.知识方面：学科知识表达精准；能够有意识拓宽学生数学视野和延伸相关知识。	5	
	20.能力方面：课前导学设计合理；教学流程执行顺畅；注重与不同学科内容的整合，注重学用结合；学习方法指导明显；偶发问题处理得当。	10	
课堂描述			
总分			

参考文献

曹建玲,2015.浅谈数学文化对小学数学课堂教学的作用[J].山西师大学报(社会科学版),42(S2):238-239.

曹培英,2012.数学是什么:学科教育视野中的数学[J].小学数学教育(4):3-6.

代钦,2013.释数学文化[J].数学通报,52(04):1-4.

付天贵,宋乃庆,2019.走向小学数学文化自觉的思考[J].数学教育学报(06):51-54.

顾沛,2008.数学文化[M].北京:高等教育出版社.

顾沛,2011.南开大学的数学文化课程十年来的探索与实践——兼谈科学教育与人文教育的融合[J].中国高教研究(09):92-94.

顾亚龙,2014.以文"化"人——小学数学文化的育人视界[M].上海:上海教育出版社.

郝倩,2019.小学数学教学中渗透数学文化的现状研究[D].上海:上海师范大学.

黄秦安,1993.论数学文化的本质、功能及其在人类文化变革中的角色[J].陕西师大学报(哲学社会科学版)(02):52-59.

黄秦安,1999.数学哲学与数学文化[M].西安:陕西师范大学出版社.

黄秦安,2001.数学文化观念下的数学素质教育[J].数学教育学报(03):12-17.

黄秦安,2007.关于数学文化的若干重要相关研究领域——兼论如何进一步开展数学教育的文化研究[J].数学教育学报(02):4-7.

康世刚,张辉蓉,2018.数学文化推进小学素质教育的实践探索[M].重庆:西南师范大学出版社.

潘小明,2009.关于数学素养及其培养的若干认识[J].数学教育学报(05):23-27.

齐民友,1991.数学与文化[M].长沙:湖南教育出版社.

邵大凤,2018.在小学数学教学中渗透数学文化的调查研究[D].贵阳:贵州师范大学.

孙琦,2018.改变教学观念 拓宽学生思路[J].贵州教育(24):41-42.

唐恒钧,张维忠,2014.国外数学课程中的多元文化观点及其启示[J].课程·教材·教法,34(04):120-123.

王新民,马岷兴,2006.新课程中"数学文化"的涵义诠释[J].教学与管理(27):97-98.

熊妍茜,2016.数学文化在小学数学课堂教学中的实践探索[D].重庆:西南大学.

许海燕,2016.基于数学文化的小学数学课堂教学策略[J].读天下(9):153.

杨玉兰,2019.数学文化在小学数学教学中的渗透研究[D].开封:河南大学.

游小云,2016.小学数学教学数学文化渗透的案例研究[D].苏州:苏州大学.

张楚廷,2000.数学文化[M].北京:高等教育出版社.

张楚廷,2001.数学文化与人的发展[J].数学教育学报(03):1-4.

张奠宙,2003.数学文化[J].科学,55(03):50-52.

张齐华,2010.审视课堂——张齐华与小学数学文化[M].北京:北京师范大学出版社.

张亚静,2006.数学素养:学生的一种重要素质——基于数学文化价值的思考[J].中国教育学刊(03):65-67.

郑毓信,2007.数学的文化价值何在、何为——语文课反照下的数学教学[J].人民教育(06):38-41.

郑毓信,王宪昌,蔡仲,2000.数学文化学[M].成都:四川教育出版社.

中华人民共和国教育部,2011.义务教育数学课程标准(2011年版)[M].北京:北京师范大学出版社.

祝旭,2018.提升小学数学课堂教学效率的思考[J].小学数学教育(11):24.

祝旭,2018.小学数学课堂教学中渗透数学文化的思考[J].贵州教育(19):33-34.

祝旭,2019.对小学数学课堂教学评价的思考[J].小学数学教育(9):28,53.

M.克莱因,2004.西方文化中的数学[M].张祖贵,译.上海:复旦大学出版社.

后　记

哲学家怀特海曾说:"如果你忘掉了课堂上的内容,也忘掉了考试的内容,剩下的东西才是教育的真正结果。"日本数学家米山国藏从自身经验出发也有过一段精彩论述:毕业一两年后,若不经常使用数学,我们很快就把所学的数学知识给忘掉了。然而,无论我们从事什么领域的工作,那些已经习得的数学思想与数学精神却一直铭记于心,令我们终身受益。可见,数学文化在数学教育中对学生的人生影响是巨大的。

随着我国课程改革的不断深入,数学文化对学生发展的意义和作用也日益凸显。越来越多的人认识到数学教学不仅是数学具体知识的教学,更是理性思维与创新能力等数学核心素养培育的教学。"数学文化渗透"是一个大课题,数学文化已经逐渐成为数学教育中不可缺少的一部分,甚至在数学教育中占有重要的地位,是一座数学教学大富矿,等待我们进一步发现和挖掘。

数学核心素养引领的教学改革才刚开始,对现行的农村小学数学教学带来了极大的冲击,也带来了极大的挑战和机遇。目前大部分农村小学教师对文化、数学文化、小学阶段的数学文化的内涵,以及如何将"数学文化"有效地渗透进小学课堂教学中,还感到迷茫和困惑。大量存在的无法正确理解数学文化、不能正确认识数学文化的价值、数学文化的渗透表面化和形式化等问题,说明数学文化的渗透还处于困境之中,很多问题亟待研究和解决。我们对加强数学文化课堂渗透的实践研究只是开始,还需要更加深入、持续的研究。庆幸的是在课题组的不断努力与实践下,数学文化在课堂教学中的渗透已引起了农村小学数学一线教师的广泛关注。

本书是贵州省 2018 年教育科学规划课题"农村学校小学数学文化渗透实践研究"的阶段性研究成果之一,由于编者能力有限,不足之处和缺点在所难免,敬请批评指正。

贵州省绥阳县洋川小学　祝旭
2020 年 8 月